HIPPOCRENE DICTIONARY
AND PHRASEBOOK

HIPPOCRENE DICTIONARY
AND PHRASEBOOK

LINGALA-
ENGLISH
ENGLISH-
LINGALA

Thomas A. Akowuah

HIPPOCRENE BOOKS
New York

For information, address:
HIPPOCRENE BOOKS, INC.
171 Madison Avenue
New York, NY 10016

Library of Congress Cataloging-in-Publication Data
Akowuah, Thomas A.
        Lingala-English, English-Lingala dictionary and phrasebook /
Thomas A. Akowuah.
            p.   cm.
        ISBN 0-7818-0456-6
        1. Lingala language--Conversation and phrase books--English.
    2. Lingala language--Dictionaries--English. 3. English language-
    -Dictionaries--Lingala.   I. Title.
    PL8456.2.A38   1996   96-17266
    496'.396863'21--dc20   CIP

TABLE OF CONTENTS

INTRODUCTION

The Lingala language is spoken in the Congo and Zaire but it is also heard in areas of other Central African countries near the borders of Zaire and the Congo. Everyday, the number of Africans and non-Africans who desire to learn the Lingala language increases. It has been the vehicle for sweet music and a rich, varied folk culture. Congolese and Zairean music in Lingala is the most popular in Africa and many people enjoy it, especially in Africa, the Americas and Europe.

The aim of this dictionary is to assist the learner in expanding his knowledge of Lingala and expressing the authentic sounds of Lingala. It will help visitors get by in the Congo and Zaire. It will also aid music lovers who want to be able to understand the words that they hear when listening to exciting, sweet Congolese and Zairean music in Lingala.

Congo and Zaire

You are about to visit a joyous and lively part of the world located at the heart of Africa. This little practical dictionary and phrasebook will help you on your trip.

Zaire (formerly called Congo) is a vast country, the second largest after Sudan, with about 40 million inhabitants. Zaire and Congo are rich in agriculture and minerals. Congo (Zaire) River is one of the longest rivers of the world. Brazzaville (capital city of the Congo) is on one side of the river and Kinshasa (capital city of Zaire) on the other side. Both sides offer spectacular views. There are daily boat services to and from Kinshasa and Brazzaville. Also, boats travel in both directions from the ports of these twin cities going upstream to the towns and villages in the countrysides. The river is not navigable beyond the two cities.

ABBREVIATIONS - NAMOKUSE

adj.	- adjective	- ebakemeli
adv.	- adverb	- ebotisa
conj.	- conjunction	- etonga mpo
int.	- interjection	- ebelela
med.	- medicine	- mino
n.	- noun	- nkombo
o.s.	- oneself	- ye moko
pl.	- plural	- boyike
prep.	- preposition	- ebembisa
pron.	- pronoun	- ekitana
rel.	- religion	- mambi ma Nzambe
sb	- somebody	- moto moko
sth	- something	- eloko moko
v.	- verb	- elobisa

GUIDE TO LINGALA
PRONUNCIATION

Vowels

Tip of the Tongue Positions
of Seven Vowel Sounds
in Lingala

Opening of Teeth

1st degree	i=ee/see/	u=oo/you/
2nd degree	e=eh/day/	o=oh/over/
3rd degree	e=e/let/	o=o/not/
4th degree		a=a/car/

Phonetic Guide

i	like **ee** in f**ee**l, m**ee**t	ee
e	like **ay** in d**ay**, m**ay**be	eh
e	like **e** in l**e**t, **e**gg	e
a	like **a** in f**a**ther, c**a**r	a
o	like **o** in g**o**t, b**o**ught	o
o	like **oh** in **o**ver, d**o**se	oh
u	like **oo** in t**oo**, s**oo**n	oo

In the phonetic pronunciation, the stress in a word is indicated
by a mark ['] placed after the stressed syllable. Stress (high
tone) is common in Lingala words. They have a grammatical value
and can indicate another tense or mood of action. They also
differentiate the sense of two words written in the same way.

Semi-vowels in written Lingala

There are two semi-vowels **y** and **w:** **y** is written for **i**, and
w for **o** and **u.** Examples:

     n**y**onso = n**i**onso (all)   m**w**ana = m**o**ana (child)

When two vowels are next to each other, each vowel is pronounced
separately. Examples:

     mai = ma-i (water)   nzoi = nzo-i (honey)

Consonants

These are pronounced as in English and each consonant is always hard.

b, d, f, g, k, l, m, n, p, s, t and **z**

Semi-consonants in written Lingala are **w** and **y** standing at the beginning of a word followed by a vowel. Examples:

           wolo (gold)   **y**ika (wheel)

Nasalized consonants

mb	mbisi	(fish)	**nk**	nkanda	(anger)
mp	mpongi	(sleep)	**ns**	nsoso	(hen)
nd	ndoto	(dream)	**nt**	ntango	(time)
ng	ngonga	(bell)	**nz**	nzila	(route)

The phonetic transcription follows all entries in both the dictionary and phrasebook.

ENGLISH - LINGALA

A

able 1. adj. ekoki [eh-koh-kee] 2. v. be a. to kokoka
[koh-koh-ka]
about adv. (approximately) soko [so'-ko'], lomeko ya
[loh-meh-koh ya]: a. 1 mile l. ya kilometele moko
[kee-loh-me'-te-le mo'-ko']
above adv. na likolo [na-lee-koh-loh']
accident n. ekbelakbela [eh-kbeh-la-kbeh-la]
across 1. prep. na [na] 2. v. go a. kokatisa [koh-ka-tee-sa]
add v. kobakisa [koh-ba-kee-sa]
advise v. kolaka [koh-la-ka]
afraid adj. be a. v. kobanga [koh-ba'-nga]: I'm a. nazali
kobanga [na-za-lee]
after prep. (n)sima [nsee-ma]
afternoon n. mpokwa [mpoh'-kwa]
again adv. lisusu [lee-soo'-soo]
age n. eleko, mobu [eh-leh-koh, moh-boo']
agree v. kondima [koh-ndee-ma]: I agree nandimi [na-ndee-mee]
air n. mpema [mpeh'-ma]
airplane n. (m)pepo, avio [mpeh'-poh, a-vee-o]
airport n. libanda ya pepo [lee-ba-nda ya]
alcohol n. masanga ma moto [ma-sa-nga ma mo'-to]
alive adj. na bomoi [na boh-moh-ee]
all adj./pron. -nso, nyonso, mobimba [nyo'-nso, moh-bee-mba]
allow v. kolingisa [koh-lee-ngee-sa]
almost adv. mbele [m-be-le]
alone adj. ngai moko [n-ga'-ee mo'-ko']: I'm a. nazali ngai
moko [na-za-lee]
already adv. naino, kalakala [na-ee-noh, ka-la]
also adv. mpe [mpeh]
always adv. mikolo minso [mee-ko-lo mee-nso]
and conj. na, mpe [na, mpeh]
anger n. nkanda [nka-nda]: I'm angry with X nazali na nkanda
mpo na X [na-za-lee na mpoh na]
animal n. nyama [nya-ma], (pl.) banyama
answer 1. n. eyano [eh-ya-noh] 2. v. koyanola [koh-ya-noh-la]
antelope n. mboloko, mbuli [m-boh'-loh'-koh', m-boo-lee]
appetite n. mposa [mpoh'-sa'] (for ya)
April n. avril [avreel]
archaeology n. zebi za biloko bwa kala [zeh-bee za bee-lo-ko
bwa ka-la]
around prep. (place) zongazonga [zoh'-nga-zoh'-nga]
arrange v. kobongisa [koh-boh-ngee-sa]
arrival 1. n. boyei [boh-yeh'-ee] 2. v. arrive koya, kokoma
[koh-ya'-a, koh-koh'-ma]; a. at v. kokomela [koh-koh'-meh-la]
art n. ntoki [nto-kee]

as **adv.** lokola [loh-koh-la]
ashamed **adj.** (n)soni [nsoh-nee]: **I'm a.** nazali koyoka soni [na-za-lee koh-yoh'-ka]
ask **v.** kosenga, kotuna [koh-se'-nga, koh-too'-na]; **ask for** **v.** kobondela [koh-boh-ndeh'-la]
asleep **1. adj.** -lali [la'-lee] **2. v. be a.** kolala [ko-la'-la]: **he's a.** alali [a-la'-lee]
at **prep.** na, o [na, oh]
August **n.** ogusiti [o-goo-see-tee]
awake **v.** kolongola [koh-loh-ngoh-la]
awful **adj.** nsomo [nso'-mo]
axe **n.** soka [so'-ka]

B

baby **n.** mwana [mwa'-na]
babysitter **n.** mokengeli-mwana [moh-ke-nge-lee]
back **n.** **1.** (body) mokongo [moh-ko-ngo] **2.** (direction) nsima [nsee-ma]
bad **adj.** -be, mabe [ma-beh']
bag **n.** saki, libenga [sa'-kee, lee-beh-nga]
baggage **n.** biloko [bee-lo'-ko]
bald-headed **adj.** libata [lee-ba-ta']
ball **n.** (sport) bale, ndembo [ba'-leh', n-deh-mboh]
bamboo **n.** mbanzi, linkeke [m-ba-nzee, lee-nkeh-keh]]
banana **n.** ntela [nteh-la], (pl.) mintela
baptism **n.** batisimu [ba-tee-see-moo]
bargain **v.** kokakola [koh-ka-koh-la]
barber **n.** mokati-nsuki [moh-ka-tee nsoo-kee]
barrel **n.** (of oil) pipa [pee-pa]
basket **n.** ekolo [eh-ko-lo']
battery **n.** batiri [ba-tee-ree]
be **v.** kozala [koh-za-la]
beach **n.** libongo [lee-boh'-ngoh']
beans **n.** nkunde, madesu [nkoo-ndeh, ma-deh'-soo]
beard **n.** ndole, ndefu [n-doh-leh, n-deh-foo]
beat **v.** (strike) kobeta, -te [koh-be'-te]
beautiful **adj.** kitoko [kee-to'-ko]
because **conj.** mpo [mpoh] (of na)
bed **n.** mbeto [m-be'-toh]
bedroom **n.** elalelo [eh-la-leh-loh]
beef **n.** nyama ya ngombe [nya-ma ya n-go'-mbeh]
before **adv.** yambo, liboso [ya-mboh, lee-boh-soh']
begin **v.** kobanda [koh-ba-nda]
beginning **n.** ebandeli [eh-ba-ndeh-lee]
behind **adv./prep.** nsima, mbisa [nsee-ma, m-bee-sa]
believe **v.** kondima, koyamba [koh-ndee-ma, koh-ya-mba]
bell **n.** ngonga [n-goh-nga]
below **prep.** na nse [na nseh]

bench n. (seat) etanda [eh-ta-nda]
bet n. mondenge [moh-nde-nge']
better adj. eleki malamu [eh-leh-kee ma-la'-moo]
between prep. o ntaka [oh nta-ka]
bicycle n. nkinga, velo [nkee-nga, veh-loh]
big adj. -nene, monene [moh-ne'-ne]: **a big orange** lilala
  linene [lee-la'-la lee-ne'-ne]
bill n. (money) biye [bee-ye]
bird n. ndeke [n-de-ke], (pl.) bandeke
birth 1. n. mbotama [m-boh'-ta-ma] 2. v. **give b. (to)**
  kobota [koh-boh'-ta]
bit n. ndambo [nda-mboh]: **a little b.** mwa ndambo [mwa-a]
bite 1. n. boswi [boh-swee] 2. v. koswa [koh-swa']: **a dog
  has bitten him** mbwa aswi ye [m-bwa' a-swee yeh']
black adj. -yindo, moyindo [moh-yee-ndoh]
bleed v. kobima makila [koh-bee-ma ma-kee-la']
blanket n. bolangiti [boh-la-ngee'-tee]
blind adj. (med.) mololanda [moh-lo-la-nda]
blood n. makila [ma-kee-la']
blue adj. bulo [boo-loh]
boat n. masuwa, bwato [ma-soo'-wa, bwa'-toh]
body n. nzoto [n-zoh'-toh]
boil 1. n. (med.) matungana [ma-too-nga-na] 2. v. kobela,
  kolamba [koh-beh-la, koh-la-mba]
bone n. mokuwa [moh-koo-wa]
book n. buku [boo'-koo]
boot n. (shoe) botte [bot]
border n. (country) ndelo [n-deh-loh]
borrow v. kodefa [koh-deh-fa]
botany n. zebi za bitwele [zeh-bee za bee-twe'-le']
bottle n. molangi [moh-la-ngee]
bottom n. **1.** (of sea etc.) nse [nseh] **2.** (body) lisoko,
  [li-so'-ko], (pl.) masoko
bowl n. (for food) kopo [ko'-po]
box n. sanduku [sa-ndoo'-koo]
boy n. elenge/mwana mobali [eh-le-nge'/mwa'-na moh-ba'-lee]
bracelet n. ekomo [eh-ko-mo]
brain n. bongo [boh-ngoh']
brake n. frein [fren]
bread n. lipa [lee-pa], (pl.) mapa
break v. kobuka, kopaswana [koh-boo-ka, koh-pa-swa-na]: **it's
  broken** ebuki [eh-boo-kee]
breakfast n. bile na ntongo [bee-leh' na nto'-ngo']
breast n. libele [lee-be'-le], (pl.) mabele
bridge n. etalaka, gbagba [eh-ta-la-ka, gba-gba]
bring v. koyela, komemela [koh-yeh-la, koh-me-me'-la]: **bring
  me...** memela ngai... [me-me'-la n-ga'-ee']
brook n. (stream) moluka [moh-loo'-ka']
broom n. likombo [lee-koh-mboh]
brother n. ndeko [n-deh-koh]
brother-in-law n. bokilo [boh-kee-loh']

brown **adj.** langi la kawa [la'-ngee la ka'-wa]
bucket **n.** (pail) katini [ka-tee-nee]
build **v.** kotonga [koh-toh-nga]
builder **n.** (mason) motongi-ndako [moh-toh-ngee n-da'-koh]
building **n.** ndako [n-da'-koh]
burn **v.** kotumba [koh-too-mba]
bury **v.** kokunda [koh-koo-nda]
bus **n.** otobisi [oh-toh-bee-see]
business **n.** mombongo [moh-mbo'-ngo]
businessman **n.** moto wa mombongo [moh-toh wa]
but **conj.** kasi, ka [ka-see, ka-a]
butcher **n.** moteki-nyama [moh-te'-kee nya-ma]
button **n.** lifungu, buto [lee-foo'-ngoo, boo-to']
buy **v.** kosomba [koh-soh'-mba]: **I'd like to buy...** nalingi
    kosomba... [na-lee-ngee]
buyer **n.** mosombi [moh-soh-mbee]
by **prep.** na, o [na, oh]

C

calendar **n.** manaka [ma-na-ka]
call **v.** kobenga [koh-beh'-nga]
calm **v.** kobondo [koh-bo'-ndo]
camel **n.** kamela [ka-me-la]
camping **n.** molako [moh-la-koh]
can **1.** **n.** (of oil) engwongolo [eh-ngwoh-ngoh-loh] **2.** **v.**
    can (be able) kokoka [koh-koh-ka]: **I can** nakoki [na-koh-kee]
candle **n.** buzi [boo-zee]
canoe **n.** bwato [bwa'-toh]
car **n.** vatiri, motuka [va-tee-ree, moh-too-ka]
card **n.** kalati [ka'-la-tee]
care: take care (pay attention) **v.** kokeba [koh-keh-ba]
carry **v.** komeme, kokumba [koh-me-me, koh-koo-mba]
carpenter **n.** kabinda [ka-bee-nda]
cartridge **n.** (firearm) lisasi [lee-sa-see]
carving **n.** motende [moh-te-ndeh]
cassava **n.** nsongo [nsoh-ngoh']
cassava leaves **n.** (dish) mpondu, sakasaka [mpo-ndoo,
    sa-ka-sa-ka]
cat **n.** pusi, nkondoko [poo-see, nkoh'-ndoh-koh]; **wild cat**
    n. nkondoko ya zamba [ya za'-mba]
catch **v.** kokanga [koh-ka-nga]
cemetery **n.** malita [ma-lee-ta]
century **n.** sekulo [se-koo-lo]
center **n.** kati [ka-tee]
ceremony **n.** ndulu [n-doo'-loo]
chair **n.** kiti [kee-tee], (pl.) bakiti
change **v.** kobongola [koh-boh-ngoh-la]
charcoal **n.** makala [ma-ka'-la]

cheap **adj.** ya motuya te, mobobe [ya moh-too-ya te',
moh-boh-beh']
cheek **n.** (body) litama [lee-ta'-ma]
chicken **n.** nsoso [nsoh'-soh']
chief **n.** sefu, mokonzi [seh-foo, moh-koh-nzee]
child **n.** mwana [mwa'-na], (pl.) bana
chin **n.** lobanga [loh-ba-nga], (pl.) mbanga
choice **n.** boponi [boh-po-nee]
cholera **n.** pulupulu ya nsomo [poo-loo-poo-loo ya nso'-mo]
choose **v.** kopono [koh-po-no]
Christ **n.** Kristo [Kree-stoh]
Christian **adj./n.** mokristo [moh-kree-stoh]
church **n.** ndako-Nzambe [n-da'-koh n-za'-mbeh]
cigar, cigarette **n.** likaya [lee-ka-ya]
citizen **n.** mwana ekolo [mwa'-na eh-ko'-lo]
city **n.** engumba [eh-ngoo-mba]
class **n.** (school) kelasi [keh-la'-see]
clean **1. adj.** petwa [pe'-twa'] **2. v.** kopetwa [koh-pe'-twa']
clear **adj.** polele, saa [poh-leh'-leh', sa-a]
climate **n.** mikili [mee-kee-lee]
climb **v.** kobuta, komata [koh-boo-ta, koh-ma-ta']
clock **n.** ngonga [n-goh-nga]
close **v.** kokanga, kofunga [koh-ka-nga, koh-foo-nga]
closet **n.** etandaka [eh-ta-nda-ka]
cloth **n.** elamba [eh-la-mba']
coast **n.** mopanzi [moh-pa-nzee]
coat **n.** kazaka [ka-za'-ka]
coconut **n.** kokoti [koh-koh-tee]
coffee **n.** kafe, kawa [ka-feh, ka'-wa]
cold **1. adj.** mpio, malili [mpee-oh, ma-lee-lee] **2. n.** (med.)
moyoyo [moh-yo-yo]
collect **v.** kolokoto [koh-loh-koh'-toh']
color **adj.** langi [la'-ngee]
comb **1. n.** lisanola [lee-sa-noh-la] **2. v.** kosanola
[koh-sa-noh-la]
come **v.** koya [koh-ya-a]: **I've come** nayei [na-yeh'-ee'];
let sb come **v.** koyeisa [koh-yeh'-ee-sa]; **come from v.** kouta
[koh-oo'-ta]; **come back v.** kozonga [koh-zoh'-nga];
come here! yaka awa! [ya'-ka' a'wa]; **come in!** kota!
[koh'-ta']
comfortable **adj.** sei [seh-ee]
company **n.** kompani [koh-mpa-nee]
complain **v.** kolela [koh-leh-la]
concern **v.** kotala [koh-ta'-la]: **it concerns you** etali yo
[eh-ta'-lee yo']
concert **n.** ngombi [n-goh-mbee]
concubine **n.** makango [ma-ka'-ngoh]
constipation **n.** libumu likangani [lee-boo-moo lee-ka-nga-nee]
cook **1. n.** kuku, molambi [koo'-koo, moh-la-mbee] **2. v.**
kolamba [koh-la'-mba]: **what are you cooking?** ozali kolamba
nini? [oh-za-lee nee'-nee]

copper n. kwivre, mitako [kwee-vre, mee-ta-koh]
corn n. (maize) mboto [m-boh'-toh]
corner n. (of room) litumu [lee-too'-moo]
corpse n. ebembe [eh-beh-mbeh']
cotton n. koto [ko-to]
cough 1. n. lokosu [loh-koh-soo'] 2. v. kokosola
[koh-koh'-soh-la]
count v. (money etc.) kotanga [koh-ta'-nga]
country n. (nation) ekolo [eh-ko'-lo], (pl.) bai ekolo
court n. tribunali, esambelo [tree-boo-na-lee, eh-sa-mbeh-loh]
cousin n. ndeko [n-deh-koh]
cow n. ngombe [n-go'-mbeh]
crab n. lingato, lingalo [lee-nga-toh, lee-nga-loh]
cross 1. n. (rel.) kuruse [koo-roo-seh] 2. v. kokatisa
[koh-ka-tee-sa]
crowd n. likita [lee-kee-ta]
cry v. kolela [koh-leh-la]
cup n. kopo [ko'-po]
cupboard n. etandaka [eh-ta-nda-ka]
cure v. (heal) kobowa [koh-boh-wa]
curtain n. rido [ree-doh]
custom n. (habit) momeseno [moh-me-se-noh]
customs n. douane [dwan]
cut v. kokata, kosesa [koh-ka'-ta, koh-se-sa]

D

daily adv. ntongo nyonso [nto'-ngo' nyo'-nso]
dance 1. n. bobina [boh-bee-na] 2. v. kobina [koh-bee-na]
danger n. likama [lee-ka-ma]
dark adj. moindo, molili [moh-ee-ndoh, moh-lee-lee]
date n. (time) elaka [eh-la-ka]
daughter n. mwana mwasi [mwa'-na mwa'-see]
day n. mokolo [moh-ko-lo]
deaf adj. loko [loh-koh']
dear adj. 1. (expensive) ya motuya, ntalo mingi [ya moh-too-ya,
nta'-loh mee'-ngee] 2. (loved) bolingo [boh-lee-ngoh]
death n. liwa, kufa [lee-wa-a, koo-fa]
decade n. zomi [zoh'-mee]
deceive v. kokosa [koh-koh'-sa]: **you d. me** okokosa ngai
[oh'-koh-koh'-sa n-ga'-ee']
December n. desembere [deh-se-mbe-re]
decide n. kokata likambo [koh-ka'-ta lee-kam-boh]
declare v. (disclose) kosakola [koh-sa-koh-la]
deep adj. bozindo [boh-zee-ndoh]
delay v. koumela [koh-oo-meh-la]
department n. etuka [eh-too'-ka']
departure n. bokei [boh-ke-ee]

desert n. biliki [mee-lee-kee]
devil n. zabolo, satana [za'-boh-loh, sa-ta-na]
diabetes n. bokono bwa sukali [boh-ko-no bwa soo-ka'-lee]
dialect n. lokota [loh-koh-ta]
diamond n. diaman [dee-a-man]
die v. kokufa, kowa [koh-koo-fa, koh-wa']: **he'll die** akokufa [a-koh-koo-fa]: **he has died** awei [a-weh'-ee]
difference n. bokeseni [boh-keh-seh-nee]
different adj. ekeseni [eh-keh-seh-nee]
difficult adj. -kasi, makasi, mpasi [ma-ka'-see, mpa'-see]: **it's not d.** ezali pasi te [eh-za-lee pa'-see te']
difficulty n. mpasi, matata [mpa'-see, ma-ta'-ta]
dinner n. bile na mpokwa [bee-leh' na mpoh'-kwa]
direct adj. semba [seh-mba]
dirty adj. bosoto, epotu [boh-soh-toh, eh-poh-too]
disabled adj. mokoni [moh-koh-nee]
disease n. maladi, bokono [ma-la-dee, boh-ko-no]
dislike v. koyina [koh-yee-na]
distance n. ntaka [nta-ka]
district n. (of town) etuka enene [eh-too'-ka' eh-ne'-ne]
do v. kosala [koh-sa'-la]; **be done** kosalema [koh-sa'-leh-ma]
dock n. (wharf) libongo [lee-boh'-ngoh']
doctor n. (physician) monganga [moh'-nga-nga]
dog n. mbwa [m-bwa']; **wild dog** mbwa ya zamba [ya za'-mba]
donkey n. mpunda [mpoo-nda]
door n. polte, monoko ya ndako [po'l-te, moh-no-ko ya n-da'-koh]
doubt 1. n. ntembe [nte-mbe] 2. v. kobete ntembe [koh-be'-te]
down adv. na nse [na nseh]
dowry n. mosolo, likonza [moh-so-lo, lee-koh-nza]
dream n. ndoto [n-do'-to]
dress 1. n. molato, elamba [moh-la-toh, eh-la-mba] 2. v. (o.s.) kolata [koh-la-ta]; (sb) kolatisa [koh-la-tee-sa]
drink 1. n. masanga [ma-sa-nga] 2. v. komela, -le [koh-me-le] **I've drunk too much** nameli mingi [na-me-lee mee'-ngee]
driver n. sofele, motambwisi-motuka [soh-feh'-leh, moh-ta'-mbwee-see moh'-too-ka]
dry v. kokoka [koh-koh'-ka]: **it's dry** ekoki [eh-koh'-kee]; **make sth dry** v. kokokisa [koh-koh'-kee-sa]
during prep. eleko ya [eh-leh-koh ya]
dust n. putulu [poo-too-loo']
dysentery n. pulupulu ya makila [poo-loo-poo-loo ya ma-kee-la]

E

each adj. moko, yonso [mo'-ko', yo'-nso]
eagle n. engondo [eh-ngoh-ndoh]
ear n. litoi [lee-to'-ee]
early adv. mbangu [mba'-ngoo]

earrings n. mpete/mbuma ya matoi [mpe'-te/m-boo-ma ya ma-to'-ee]
earth n. mabele [ma-beh-leh']
east adj./n. monyele [moh-nyeh-leh]
Easter n. Pasika [pa'-see-ka]
easy adj. molembu, pasi te [moh-leh-mboo', pa'-see te']
eat v. kolia, -liya [koh-lee-a]: **I've eaten** nalei [na-leh'-ee']
effects n. (goods) biloko [bee-lo'-ko]
egg n. likei [lee-ke-ee']
eggplant n. (aubergine) ngungutu [n-goo-ngoo-too]
eight adj./n. mwambe [mwa-mbeh]
elder adj. yaya, nkulutu [ya-ya', nkoo-loo'-too]
electricity n. monili, lotriki [moh-nee-lee, loh-tree-kee]
elsewhere adv. esika esusu [eh-see'-ka' eh-soo-soo]
emergency n. likama [lee-ka-ma]
empty adj. mpamba [mpa-mba]
end n. nsuka [nsoo'-ka]
enemy n. monguna [moh-ngoo-na]
engine n. motele [moh-te'-le]
English adj./n. anglais [angle]: **I speak English** nalobaka anglais [na-loh-ba-ka]
enjoy v. kosepela [koh-seh-peh-la]
enough adj./adv. ekoki [eh-koh-kee]
enter v. kokota, koyingela [koh-koh'-ta', koh-yee'-ngeh-la]
entertainment n. lisano [lee-sa-noh]
even adv. ata [a'-ta]
evening n. mpokwa [mpoh'-kwa]
every adj. (n)yonso/(n)yoso [nyo'-nso, nyo'-so]
everybody, -one pron. bato banso/nyonso, moto na moto [ba-toh ba-nso, moh-toh na moh-toh]
everyday adj. mikolo nyoso [mee-ko-lo nyo'-so]
everything pron. mobimba, nyonso [moh-bee-mba, nyo'-nso]
everywhere n. bisika binso [bee-see'-ka' bee-nso]
exchange v. kosombitinya [koh-soh-mbee-tee-nya]
excuse n. bolimbisi [boh-lee-mbee-see]
expensive adj. ntalo mingi, ya motuya [nta'-loh mee-ngee, ya moh-too'-ya]
eye n. liso [lee'-soh]

F

face n. elongi [eh-loh-ngee]
factory n. maboma [ma-boh-ma]
faith n. (rel.) boyambi [boh-ya-mbee]
fall (down) v. kokwa [koh-kwa-a]: **it has fallen** ekwei na nse [ekweh'-ee' na nseh]
family n. libota [lee-boh'-ta]
far adj. mosika [moh-see-ka]

farm n. elanga [eh-la-nga]
farmer n. moto wa bilanga [moh-toh wa bee-la-nga]
fast 1. n. (go without food) ntingo [ntee-ngoh] 2. adj.
  (quick) noki [no-kee']
fat adj. monene [moh-ne'-ne]
father n. 1. (parent) tata [ta-ta'] 2. (priest) sango
  [sa'-ngoh']
father-in-law n. bokilo mobali [boh-kee-loh' moh-ba'-lee]
fear 1. n. nsomo [nso'-mo] 2. v. koyoka nsomo [koh-yoh'-ka]
February n. febuari [feh-boo-a-ree]
feel v. koyoka [koh-yoh'-ka]: I feel well nayoki malamu
  [na-yoh'-kee ma-la'-moo]
festival n. (music etc.) eyenga [eh-yeh-nga]
fetish priest n. nganga-nkisi [n-ga-nga nkee-see]
fever n. fefele, molunge [fe'-fe-le, moh-loo-nge']
few adj./pron. moke [moh-ke']; a few pron. (pl.) basusu
  [ba-soo'-soo]
field n. lisala [lee-sa-la]
fight 1. n. etumba [eh-too-mba] 2. v. kobunda, kobuna
  [koh-boo-nda, koh-boo-na]: don't fight kobunda te [te']
file n. (tool) mosiyo [moh-see-yoh]
fill v. kotondisa [koh-toh-ndee-sa]
find v. kokuta [koh-koo-ta]; find (again) v. kozwa [koh-zwa]
fine n. (money) lomande [loh-ma'-nde]
finger n. (body) mosapi [moh-sa-pee]
finish v. kosilisa, kosukisa [koh-see-lee-sa, koh-soo-kee-sa]:
  it's finished esilisi [eh-see-lee-see]
fire n. moto [mo'-to]
fish n. mbisi [m-bee'-see]; fisherman n. pesele, mobomi-mbisi
  [pe-se'-le, moh-boh-mee]
fit v. kobonga, kolongobana [koh-bo-nga, koh-lo-ngo-ba-na]
five adj./n. mitano [mee'-ta'-noh]
fix v. kobamba [koh-ba-mba]
flag n. bendele, dalapo [beh-nde-le, da-la-poh]
floor n. 1. (of room) mabele [ma-beh-leh'] 2. (story) etalaka
  [eh-ta-la-ka]
flour n. fufu, moteke [foo-foo', moh-te'-ke]
flower n. fulele, mbe [foo-le-le, mbeh]
flu n. (influenza) molunge mabe mpe ketuketu [moh-loo-nge'
  ma-beh' mpeh keh-too-keh-too]
fly 1. n. (insect) mokangi [moh-ka-ngee] 2. v. kopumbwa
  [koh-poo-mbwa]
follow v. kolanda [koh-la-nda]
food n. bilei [bee-leh'-ee]
foot n. (body) lokolo [loh-koh-loh]
football n. bale, ndembo [ba'-leh', n-deh-mboh]
footpath n. nzela ya makolo [n-zeh-la' ya ma-koh-loh]
for prep. mpo na/ya [mpoh na]
forbid v. (prohibit) kopekisa [koh-peh-kee-sa]
foreign adj. mopaya, libanda [moh-pa-ya, lee-ba-nda]
forest n. zamba [za-mba], (pl.) mamba

forget v. kobosana, kobunga (koh-boh-sa-na, koh-boo-nga]
fork n. nkanya [nka-nya]
four adj./n. minei [mee'-neh-ee]
free adj. mpamba, nsomi [mpa-mba, nso-mee]
Friday n. mokolo ya mitano [moh-ko-lo ya mee-ta'-noh]
friend n. di, moninga, ndeko [dee, moh-nee-nga, n-deh-koh]
frog n. mombemba [moh-mbeh-mba]
from prep. uta [oo-ta]
front n. boso, liboso [lee-boh-soh']
fruit n. mbuma [m-boo-ma]
full 1. adj. -tondi [toh'-ndee] 2. v. be full (up) kotonda
[koh-toh'-nda]: it's f. etondi [eh-toh'-dee]

G

game n. 1. (play) lisanso [lee-sa-noh] 2. (animals) bokila
[boh-kee-la]
gasoline n. esanzi [eh-sa-nzee]
gazelle n. mboloko [m-boh'-loh'-koh']
geography n. zebi za mokili [zeh-bee za moh-kee-lee-]
geology n. zebi za mabanga [zeh-bee za ma-ba'-nga']
get v. (obtain) kozwa [koh-zwa]: I get nazwi [na-zwee];
get down v. kokita [koh-kee-ta]
gift n. (present) libonza [lee-boh-nza]
ginger n. tangawisi [ta-nga-wee-see]
girl n. elenge/mwana mwasi [eh-le-nge'/mwa'-na mwa'-see]
give v. kopesa, kokaba [koh-pe'-sa, koh-ka-ba]; give to v.
kopesela [koh-pe'-seh-la]
glad adj. be g. v. kosepela [koh-seh-peh-la]: I'm g.
nasepeli [na-seh-peh-lee]
glass n. nzinzi [n-zee-nzee]
go v. kokende [koh-ke-nde]: I'm going/I've gone nakei
[na-ke-ee']; go out v. kobima [koh-bee-ma]; go up v.
komata [koh-ma-ta']; go down v. kokita [koh-kee-ta]
goat n. (n)taba [nta-ba]
God n. Nzambe [n-za'-mbeh]
gold n. wolo [woh-loh]
good adj. -lamu, malamu [ma-la'-moo]
goodbye n./int. 1. (bid farewell) kendeke malamu [ke-nde'-ke'
ma-la'-moo] 2. (stay well) tikala malamu [tee'-ka'-la']
goods n. biloko [bee-lo'-ko]
grandfather n. tata nkoko [ta-ta' nko-ko]; g.mother n. mama
nkoko [ma-ma']
grapefruit n. pamplemousse [pa-mple-moos]
grass n. lititi [lee-tee-tee]
gray adj. mbwi [m-bwee]
green adj. mobesu [moh-beh'-soo]
ground n. mabele [ma-beh-leh']
groundnut n. nguba [n-goo-ba]

guava n. lipela [lee-peh'-la]
gun n. bondoki [boh-ndoh'-kee]

H

hair n. nswei, nsuki [nsweh'-ee', nsoo-kee]
half n. ntei, ndambo [nteh-ee, n-da-mboh]
hammer n. malato [ma-la-toh']
hand n. loboko [loh-bo'-ko]
happiness n. esengo, bolamu [eh-se-ngo, boh-la'-moo]
harbor n. nsele [nseh-leh]
hard adj./adv. -kasi, makasi [ma-ka'-see]
hat n. (cap) enkoti [eh-nkoh-tee]
hate v. koyina [koh-yee-na]
have v. kozala na, kozwa [koh-za-la na, koh-zwa]
he pron. a- [a]: he is azali [a-za-lee]
head n. moto [moh-toh']
headache n. mpasi ya moto [mpa'-see ya moh-toh']
health n. bokolongono [boh-koh'-loh'-ngoh'-noh']
hear v. koyoka [koh-yoh'-ka]: I hear nayoki [na-yoh'-kee]
heart n. motema [moh-teh'-ma]
heat n. molunge [moh-loo-nge']
heavy adj. -zito, mozito [moh-zee-toh]
help v. kosalisa [koh-sa-lee-sa]
hen n. nsoso mwasi [nsoh'-soh' mwa'-see]
her, hers ye [yeh'] 1. pron. it's hers yango na ye [ya-ngoh'
  na] 2. adj. her bag saki ya ye [sa'-kee na]; herself pron.
  ye moko [mo'-ko']
herb n. lititi [lee-tee'-tee]
here adv. awa [a'-wa]: it's here ezali awa [eh-za-lee];
  here I am! ngai oyo! [n-ga'-ee oh'-yoh]; here it's yango
  oyo [ya-ngoh']
hide v. 1. (sth) kobomba [koh-boh-mba] 2. (o.s.) kobombana
  [koh-boh-mba-na]
high adj. -lai, molai [moh-la-ee']
hill n. ngomba [n-goh'-mba']
him pron. ye [yeh']; himself pron. ye moko [mo'-ko']
hire v. kofutela [koh-foo-teh-la]
his adj. na ye [na yeh']: his book buku na ye [boo-koo na]
history n. mokolo [moh-koh'-loh']
hoe n. nkongo [nkoh'-ngoh]
hold v. kosimba [koh-see-mba]
hole n. libela [lee-beh'-la']
holiday n. eyenga [eh-yeh-nga]
home n. ndako [n-da'-koh]
homemade adj. (dishes) bile bya ekolo [bee-leh' bya eh-ko'-lo]
honey n. nzoi [n-zo'-ee]
hope n. elikya [eh-lee-kya]
horn n. (of animal) liseke [lee-se-ke]

horse n. farasa [fa-ra'-sa]
hospital n. lopitalo [loh-pee-ta-loh]
hot adj. moto, molunge [mo'-to, moh-loo-nge']
hotel n. lotele [loh-te-le]
hour n. (n)tango, ngonga [nta'-ngoh, n-goh-nga]
house n. ndako [n-da'-koh]: **at my h.** epai ya ngai [eh-pa'-ee ya n-ga'-ee]
how adv. boni [boh'-nee']: **how much?** boni? [boh'-nee'];
  how are you? sango nini? [sa-ngoh nee'-nee]
humidity n. bobandu [boh-ba-ndoo']
hunger n. nzala [n-za-la]: **I'm hungry** nazali na nzala
  [na-za-lee na]
hunting n. bokila, bobengi-nyama [boh-kee-la, boh-beh-ngee nya-ma]
hurt v. (injure) kozoka [koh-zoh-ka]
husband n. mobali [moh-ba'-lee]

I

I pron. na- [na]: **I'm** nazali [na-za-lee]
ice n. glace [glas]
if conj. soki [so'-kee]
ill adj. **I'm ill** nazali maladi/kobela [na-za-lee ma-la'-dee/ koh-be'-la]; **illness n.** bokono [boh-ko-no]
immediately adv. noki, sikawa [no-kee', see-ka'-wa]
important adj. -nene, monene [moh-ne'-ne]
in prep. o, na, na kati [oh, na, na-ka-tee]
inform v. koyebisa [koh-yeh'-bee-sa]
inject v. (med.) kotuba tonga [koh-too-ba to-nga]
insect n. pimbwela [pee-mbweh-la], (pl.) bipimbwela
inside prep. na kati [na-ka'-tee]
insult v. kofinga [koh-fee-nga]
interested adj. esepelisi [eh-seh-peh-lee-see]
interpreter n. lingisi [lee-ngee-see]
interview n. lisolo [lee-soh-loh']
invite v. kobyanga [koh-bya-nga]
iron 1. n. (laundry) felo, engomeli [fe'-loh, eh-ngoh-meh-lee];
  2. v. kongoma [koh-ngoh-ma]
island n. esanga [eh-sa-nga]
it pron. e-, yango [eh, ya-ngoh']: **it's** ezali [eh-za-lee]:
  I've sold it nateki yango [na-te'-kee]
itch n. mokosa [moh-ko-sa]
ivory n. mpembe [mpe'-mbe']

J

January n. yanuari [ya-noo-a-ree]

Jesus **n.** Yezu [yeh'-zoo]
jealousy **n.** zuwa [zoo'-wa]
jug **n.** kopo [ko'po]
July **n.** yuli [yoo-lee]
jump **v.** kopimbwa [koh-pee-mbwa]
June **n.** yuni [yoo-nee]

K

kerosene **n.** pitolo [pee-to-lo']
kettle **n.** birika [bee-ree-ka]
key **n.** lifungola [lee-foo-ngoh-la]
kill **v.** koboma [koh-bo'-ma]
kind **adj. 1.** (good) malamu [ma-la'-moo] **2.** (sort) lolenge, ndenge [loh-le'-nge', n-de'-nge']
king **n.** mokonzi mobali [moh-koh-nzee moh-ba'-lee]
kiss **v.** kopwepwa [koh-pwe-pwa]
kitchen **n.** kuku [koo'-koo]
knife **n.** mbeli [m-be-lee]
knock **v.** kobola [koh-boh-la]
know **v.** koyeba [koh-yeh'-ba]: **I don't know** nayebi te [na-yeh'-bee te']

L

ladder **n.** ebuteli [eh-boo-te-lee]
lake **n.** etima [eh-tee-ma]
lamb **n.** mwa mpata mwa-a mpa-ta']
lame **adj.** motengoli [moh-te-ngo-lee]
lamp **n.** mwinda [mwee'-nda]
land **n.** mabele [ma-beh-leh']
language **n.** monoko, lokota [moh-no-ko, loh-ko'-ta]
large **n.** -nene, monene [moh-ne'-ne]
last **adj.** ya nsuka [ya nsoo-k]; (past) eleki [eh-leh-kee]: **last week** mposo eleki [mpo'-so]
late **1. adj.** -umeli [oo-meh-la] **2. v. be late** koumela [koh-oo-meh-la]: **I'm l.** naumeli [na-oo'-meh-lee]
laugh **v.** koseke [koh-se-ke]
law **n.** mobeko [moh-beh-koh]
lazy **adj.** goigoi [go-ee-go'-ee]
leaf **n.** lokasa [loh-ka-sa], (pl.) nkasa
learn **v.** koyekola [koh-yeh'-koh-la]
leather **n.** kwire [kwee-re]
leave **v. 1.** (abandon) kotika [koh-kee'-ta] **2.** (go away) kokende [koh-ke-nde]
left **adj.** (hand, side etc.) ya mwasi [ya mwa'-see]

leg   n.   lokolo [loh-koh-loh]
lesson   n.   liteya [lee-teh'-ya]
lemon   n.   libazi, ndimo [lee-ba-zee, n-dee-moh]
letter   n.   letele, mokanda [le'-te-le, moh-ka-nda']
lie   1. n. (untruth)   lokuta [loh-koo-ta']   2. v.   kobuka lokuta
[koh-boo-ka];   **lie down** v.   kolala [koh-la'-la]
life   n.   bomoi [boh-moh-ee]
light   1. n.   mwinda [mwee-nda], (pl.) minda   2. adj. (weight)
bozito te [boh-zee-toh te'];   (bright)   saa [sa-a]   3. v.
kopelisa, kobambola [koh-peh-lee-sa, koh-ba-mboh-la]
lightning   n.   monkalali [moh-nka-la-lee]
like   1. conj. (as)   lokola [loh-koh-la]   2. adj. (similar)
lokola, lolenge loko [loh-le'-nge' lo'-ko']   3. v. (desire,
emotion) kolinga [koh-lee-nga]:   **I like** nalingi [na-lee-ngee]
limit   n.   nsuka [nsoo-ka]
line   n.   mokoloto [moh-koh-loh-toh]
listen   v.   koyoka [koh-yoh'-ka]:   **listen to me**   yoka ngai
[yoh'-ka' n-ga'-ee]
little   adj.   -ke, moke [moh-ke'];   (diminutive)   mwa [mwa-a]:
a l. happy   mwa esengo [eh-se-ngo]
live   v.   kozala, kofanda [koh-za-la, koh-fa-nda]:   **we live
in the same house**   tofandi na ndako moko [to-fa-ndee na
nda'-koh mo'-ko']
living room   n.   esika ya masolo [eh-see'-ka' ya ma-soh-loh']
long   adj.   -lai, molai [moh-la-ee]
look   v.   kotala [koh-ta'-la]
lorry   n.   kaminio [ka-mee-nee-o']
lose   v.   kobungisa [koh-boo-ngee-sa]:   **I've lost my...**
nabungisi... [na-boo-ngee-see];   **get lost** v.   kobunga
nzela [koh-boo-nga nzeh-la']
lot: a lot (of)   n.   ebele (ya) [eh-beh-leh']
love   1. n.   bolingo [boh-lee-ngoh]   2. v.   kolinga
[koh-lee-nga]:   **I love you** nalingi yo [na-lee-ngee yo'];
love each other v.   kolingana [koh-lee-nga-na]
luck   n.   sanse, konzo [sa'-nseh, koh-nzoh]:   **good l.** bolamu
[boh-la'-moo];   **bad l.** botutu [boh-too-too']
luggage   n.   biloko [bee-lo'-ko]
lunch   n.   bile na moi [bee-leh' na moh'-ee]

M

machine   n.   masini [ma-see-nee]
mad   adj.   elema [eh-leh'-ma']
madam   n.   madamu [ma-da-moo]
magic   n.   liloki [lee-lo-kee]
maid   n.   mosalisi mwasi [moh-sa'lee-see mwa'-see]
maize   n.   mboto [m-boh'-toh]
make   v.   kosala, kokela [koh-sa'-la, koh-keh-la]

man **n.** moto/motu [moh-toh], (pl.) bato
manager **n.** moyangeli [moh-ya-ngeh-lee]
many **adj./pron.** mingi, ebele [mee'-ngee, eh-beh-leh']: **how
  many?** boni? [boh'-nee']
marabout **n.** (rel.) nkoko [nko'-ko]
March **n.** mars [mars]
market **n.** zando [za -ndoh']; (small) wenze [we-nze]
marriage **n.** libala [lee-ba'-la]
marry **v.** kobala, kolonga [koh-ba'-la, koh-loh-nga]
marsh **n.** (land) mobela [moh-be-la]
mass **n.** (church) misa [mee-sa]
mat **n.** litoko [lee-to-ko']
match **n.** **1.** (light) alimeti, fololo [a-lee-me'-tee,
  foh-lo'-lo]; **2.** (game) lisano [lee-sa-noh]
material **n.** (cloth) elamba [eh-la-mba]
matter **n.** (affair) likambo, zambi, mpo [lee-ka-mboh, za-mbee,
  mpoh]: **what's the m.?** likambo nini? [nee'-nee]; **it doesn't
  m.** likambo te [te']
May **n.** mai [me]
may **v.** kokoka [koh-koh-ka]: **I may** nakoki [na-koh-kee]:
  may I see it? nakoki komona yango? [koh-mo'-na ya-ngoh']
maybe **adv.** mbele [m-be-le]
me **pron.** ngai [n-ga'-ee']
measure **1. n.** lomeko [loh-meh-koh] **2. v.** kopima, komeka
  [koh-pee-ma, koh-meh-ka]
meat **n.** nyama [nya-ma]
mechanic **n.** masiniki [ma-see-nee-kee]
medicine **n.** nkisi, mono [nkee-see, moh-noh']
meet **v.** kokutana [koh-koo-ta-na]; **meet (again)** **v.** kozwana
  [koh-zwa-na]
meeting **n.** lisanga, likita [lee-sa-nga, lee-kee-ta]
middle **n.** kati [ka'-tee]: **in the m.** katikati
midwife **n.** mobotisi [moh-boh-tee-see]
mile **n.** kilometele [kee-loh-me'-te-le]
milk **n.** miliki, mabele [mee-lee-kee, ma-be'-le]
mind **n.** mayele [ma-ye'-le]
mine **pron.** na/ya ngai [na/ya n-ga'-ee]: **the book is mine**
  buku ya ngai [boo'-koo]
mirror **n.** talatala [ta-la-ta'-la]
miss **v.** kozanga [koh-za-nga]
mistake **1. n.** foti, miko [foh-tee, mee-koh] **2. v.** **be mistaken**
  kobunga [koh-boo-nga]
Monday **n.** mokolo ya liboso [moh-ko-lo ya lee-boh-soh']
money **n.** mbongo, mosolo [m-bo'-ngo, moh-so-lo]
monsoon **n.** mopepe ya molunge kilikili [moh-pe-pe ya
  moh-loo-nge' kee-lee-kee-lee]
month **n.** sanza [sa'-nza]
monument **n.** ekeko [eh-ke-ko]
moon **n.** sanza [sa'-nza']
more **adj./n.** lisusu [lee-soo-soo]: **no more** lisusu te [te']
morning **n.** (n)tongo [nto'-ngo']

mosquito n. monkungi, mbembele [moh-nkoo-ngee, m-be'-mbe'-le'];
mosquito net n. mosikitele [moh-see-kee-te'-le]
mother n. mama [ma-ma']
mother-in-law n. bokilo mwasi [boh-kee-loh' mwa'-see]
motorbike, -cyle n. tukutuku, moto [too-koo-too-koo,
   moh-toh-oh]
mountain n. ngomba [n-goh'-mba']
mourning n. matanga [ma ta' nga]
mouse n. mpoko [mpo'-ko]
mouth n. monoko [moh-no-ko]
move v. koningana [koh-nee-nga-na]: **don't move** koningana
   te [te']
movies n. sinema [see-neh-ma']
Mr. n. mobali [moh-ba'-lee]
Mrs. n. madamu [ma-da-moo]
mud n. potopoto [po-to-po-to]
museum n. ndako ya ntoki [n-da'-koh ya nto'-kee]
mushroom n. liyebu [lee-yeh-boo]
music n. miziki [mee-zee-kee]
must v. kosengele na [koh-se'-nge'-le na]: I **must go**
   nasengeli na kokende [na-se'-nge'-lee na koh-ke-nde]
mustache n. monzomba [moh-nzoh-mba]
mutton n. nyama ya mpata [nya-ma ya mpa-ta']
my adj. na ngai [na n-ga'-ee]: **my father** tata na ngai
   [ta-ta']
myself pron. ngai moko [mo'-ko']

N

nail n. (body) nzongolongo [n-zoh'-ngoh'-loh'-ngoh']
naked adj. bolumbu [boh-loo-mboo]
name n. nkombo [nkoh'-boh']: **my n. is John** nkombo na
   ngai Za [na n-ga'-ee Za']; **what's your n.?** nkombo na yo
   nani [na yo' na'-nee]
narrow adj. moke [moh-ke']
nationality n. ekolo ya moto [eh-ko'-lo ya moh-toh]
near adv. penepene, pembeni [pe-ne-pe-ne, pe-mbe'-nee]
neck n. nkingo [nkee'-ngoh']
need v. kolinga [koh-lee-nga]
needle n. ntonga [nto-nga]
never adv. mokolo moko te [moh-ko-lo mo'-ko' te']
new adj. ya sika [ya see-ka]: **new sandals** mapapa ya sika
   [ma-pa-pa]
news n. (n)sango [nsa-ngoh]
next adj. mwa pene, ekoya [mwa-a pe-ne, eh-koh-ya-a]: **next
   week** mposo ekoya [mpo'-so]
nice adj. **1.** (pretty) kitoko [kee-to'-ko] **2.** (good) malamu
   [ma-la'-moo] **3.** (pleasant) ya nsai [ya nsa'-ee']
night n. butu [boo-too']

nine **adj./n.** libwa [lee-bwa']
no **adj./adv./n.** te [te']: **there's no bread** lipa ezali te [lee-pa eh-za-lee]
nobody **n.** moto moko te [moh-toh mo'-ko' te']
noise **n.** makelele [ma-ke-le'-le]
none **pron.** moko te [mo'-ko' te']
north **adj.** nordi [nor-dee]
nose **n.** zolo [zoh'-loh]
not **adv.** te [te']
note **n.** 1. (money) biye [bee-ye]; 2. (music) noti [no-tee]
notebook **n.** kaye [ka-yeh]
notice **n.** boyebisi [boh-yeh'-bee-see]
nothing **pron.** eloko te, mpamba [eh-lo'-ko te', mpa-mba]
November **n.** novembere [noh-ve-mbe-re]
now **adv.** sikoyo, sikawa, sasapi [see-koh'-yoh, see-ka'-wa, sa-sa-pee]
number **n.** motango [moh-ta-ngoh]
nurse **n.** mokongeli-mokoni [moh-koh-ngeh-lee moh-ko-nee]

O

oasis **n.** liziba ya biliki [lee-zee-ba ya bee-lee-kee]
occasionally **adv.** mbala moko moko [m-ba-la mo'-ko']
occupied **adj.** okipe [o-kee-peh']
October **n.** okotobele [o-ko-to-be-le]
office **n.** bilo [bee-loh]
often **adv.** mbala mingi, nokinoki [m-ba-la mee-ngee, no-kee]
oil **n.** mafuta [ma-foo'-ta]
okra **n.** dongodongo [doh-ngoh-doh-ngoh]
old **adj.** ya kala [ya ka-la']: **an o. coat** kazaka ya kala [ka-za-ka]; **how o. are you?** ozali na mbula boni? [oh-za-lee na m-boo-la boh'-nee']; **I'm ten years o.** nazali na mbula zomi [na-za-lee na zoh'-mee]
on **prep.** o, na [oh, na]
once **adv.** mbala moko [m-ba-la mo'-ko']
one **adj./pron.** moko [mo'-ko']
onion **n.** litungulu [lee-too-ngoo-loo]
only **adj./adv.** mpenza [mpeh-nza]; **adv.** se, nde [seh', n-deh']
open **v.** kofungola, kokangola [koh-foo-ngoh-la, koh-ka-ngoh-la]
or **conj.** to [toh-oh]
orange **n.** lilala, ndimo [lee-la'-la, n-dee-moh]
other **adj./pron.** -susu, mosusu [moh-soo-soo]: **o. people** bato mosusu [ba-toh]; **pron.** (pl.) basusu [ba-soo-soo]
our, ours **adj./pron.** na biso [na bee-soh']: **our house** ndako na biso [n-da'-koh]; **ourselves** **pron.** biso moko [mo'-ko']
out, outside **adv.** na libanda [na lee-ba-nda]
owner **n.** nkolo [nkoh-loh]

P

pack **v.** kokanga, koziba [koh-ka-nga, koh-zee-ba]
package **n.** (packet) liboke [lee-boh'-keh']
pain **n.** bolozi, mpasi [boh-loh'-zee, mpa'-see]
paint 1. **n.** mokobo [moh-ko'-bo] 2. **v.** kokoba langi
[koh-koh'-ba la-ngee]
palace **n.** ndako ya bakonzi [n-da'-koh ya ba-koh-nzee]
palm **n.** 1. (tree) limbila [lee-mbee-la] 2. (leaf) ndele
[n-deh-leh] 3. (wine) nsamba [nsa-mba]
pants **n.** patalo [pa-ta-lo]
paper **n.** mokanda [moh-ka-nda]
pardon **n.** bolimbisi, palado [boh-lee-mbee-see, pa-la-do']
parent **n.** moboti [moh-boh-tee]
parliament **n.** ebimisa-mibeko [eh-bee-mee-sa mee-beh'-koh]
parrot **n.** nkoso [nko-so']
part **n.** ndambo [n-da-mboh]
partridge **n.** (bird) ekwae [eh-kwa-eh]
pass **v.** koleka [koh-leh-ka]: **I'll pass through Gabon** nakoleka
nzela ya Gabon [na-koh-leh-ka n-zeh-la' ya]
passport **n.** epesa nzela [eh-pe'-sa n-zeh-la']
path **n.** nzela/nzila [n-zeh-la']
patient **n.** (hospital) mokoni [moh-ko-nee]
pay **v.** kofuta [koh-foo-ta]
payment **n.** lifuta [lee-foo-ta]
peace **n.** boboto [boh-bo'-to]
peanut **n.** nguba, nkalanga [n-goo-ba, nka-la-nga]
pear **n.** avoka [a-vo-ka]
pen, pencil **n.** ekomeli [eh-koh-meh-lee]
people **n.** bato/batu [ba-toh]
petrol **n.** esanzi [eh-sa-nzee]
pharmacy **n.** magazini ma mino [ma-ga-zee-nee ma mee-noh']
photo **n.** foto, elili [foh-toh', eh-lee-lee]
piece **n.** eteni [eh-te'-nee]
pig **n.** ngulu [n-goo-loo]
pigeon **n.** ebenga [eh-be-nga]
pin **n.** pengele [pe'-nge-le]
pineapple **n.** ananasi [a-na-na-see]
pipe **n.** mopepe [moh-pe'-pe']
place **n.** (site etc.) esika [eh-see'-ka']
piquant **adj.** bokenzu [boh-ke-nzoo]
pity **n.** mawa [ma-wa]: **what a p.!** mawa nini! [nee'-nee]
plant **n.** (botany) etoele [eh-toh-e'-le'], (pl.) bitwele
plantain **n.** likemba [lee-keh-mba], (pl.) makemba; (small)
etabi [e-ta-bee], (pl.) bitabi
plate **n.** sani [sa'-nee]
play **v.** kosana, kosakana [koh-sa-na, koh-sa-ka-na]
please 1. **v.** (satisfy) kosepelisa [koh-seh-peh-lee-sa]
2. **adv.** palado, soki olingi [pa-la-do', so'-kee oh-lee-ngee]
plot **n.** (land) lopango [loh-pa-ngoh], (pl.) mpango
pocket **n.** libenga, poketi [lee-beh-nga, poh-keh'-tee]

poison **n.** ngenge [n-ge-nge]
police **n.** pulusi [poo-loo-see]
poor **adj.** mobola [moh-boh-la]
pork **n.** nyama ya ngulu [nya-ma ya n-goo-loo]
possible **adj.** ekoki [eh-koh-kee]: **it's not p.** ekoki te
[te']
pot **n.** mozuku [moh-zu-ka]
potato **n.** mbala, libenge [m-ba'-la', lee-benge']
pottery **n.** mbele [m-be'-le']
pound **v.** kotuta [koh-too-ta]
pour **v.** (liquid) kobonga [koh-boh-nga]
powder **n.** mputulu [mpoo-too-loo']
pray **v.** (rel.) kosambela [koh-sa-mbeh-la]
prayer **n.** losambo [loh-sa-mboh], (pl.) nsambo
prefer **v.** kopono [koh-po-no]
pregnancy **n.** zemi [zeh'-mee]: **she's pregnant** azali na zemi
[a-za-lee na]
pretty **adj.** kitoko [kee-to'-ko]
president **n.** kumu wa liboso [koo-moo wa lee-boh-soh']
price **n.** motuya, (n)talo [moh-too-ya, nta'-loh]: **what is
the p.?** ntalo ezali boni? [eh-za-lee boh'-nee]
priest **n.** sango, nganga-Nzambe [sa'-ngoh', n-ga-nga N-za'-mbeh]
problem **n.** likambo [lee-ka-mboh]
promise **v.** kolaka [koh-la-ka]
proud **adj.** lolendo [loh-le'-ndo]
public **adj./n.** ya bato banso [ya ba-toh ba-nso]
pull **v.** kobenda [koh-beh-nda]
pumpkin **n.** ekutu [eh-koo-too]
purse **n.** libenga [lee-beh-nga]
push **v.** kopusa [koh-poo'-sa]
put **v.** kotiya [koh-tee-ya]
pygmy **n.** mopoto, motwa [moh-poh-toh', moh-twa']

Q

quarrel **v.** koswana [koh-swa-na]
quarter **n.** (a fourth part) ya minei [ya mee'-neh-ee];
(pl.) (part of town) etuka enene [eh-too-ka eh-ne'-ne]
queen **n.** mokonzi mwasi [moh-koh-nzee mwa'-see]
quick **adj.** na mbango [na m-ba-ngoh]
quickly **adv.** mbango, noki [no-kee']
quiet **adj.** nye [nye]
quite **adv.** (entirely) nye [nye'-e]

R

rabbit **n.** nsimbiliki [nsee-mbee-lee-kee]

radio **n.** radio [ra-dee-oh]
radio station **n.** boakisi na nsango [boh-a-kee-see na nsa-ngoh]
rain **1. n.** mbula [m-boo-la] **2. v.** kobete, konoko [koh-be'-te, koh-no'-ko]: **it'll rain** mbula ekobete [eh-koh-be'-te]
rainbow **n.** monama [moh-na-ma]
rat **n.** mpo [mpoh'-oh]
rate **n.** mbotana, taux [mboh-ta-na, toh]
raw **adj.** -besu, mobesu [moh-beh'-soo]
reach **v.** (place) kokomela [koh-koh-meh-la]
read **v.** kotanga [koh-ta-nga]: **I'm reading** nazali kotanga [na-za-lee]
reason **n.** (cause) ntina, mayele [ntee-na, ma-ye'-le]
receive **v.** koyamba, kozwa [koh-ya-mba, koh-zwa]
red **adj.** ngola [n-goh'-la]
refugee **n.** mokimeli [moh-kee-meh-lee]
refuse **v.** koboya, kopima [koh-boh-ya, koh-pee'-ma]
religion **n.** mambi ma Nzambe [ma-mbee ma n-za'-mbeh]
reduce **v.** (price) kobunola [koh-boo-noh-la]
remember **v.** kokundola motema [koh-koo-ndoh-la moh-teh'-ma]
rent **v.** kofutela [koh-foo-teh-la]
repair **v.** kobamba [koh-ba-mba]
repent **v.** komima [koh-mee-ma]
rest **1. n.** (repose) bopemi [boh-peh-mee]; (remainder) montika [moh-ntee-ka] **2. v.** kopema [koh-peh-ma]
restroom **n.** kabine [ka-bee-ne']
return **v.** kozonga [koh-zoh'-nga]
rheumatism **n.** mingai [mee-nga-ee]
rich **adj.**: **he's r.** azali na mbongo [a-za-lee na m-bo'-ngo]
rice **n.** loso [loh'-soh']
right **1. adj.** (correct) sembo, molamu [seh-mboh, moh-la'-moo] **2. v. be right** kolonga [koh-loh-nga]: **the student is r.** moyekoli alongi [moh-yeh-koh-lee a-loh-gee]
right **adj.** (hand, side etc.) ya mobali [ya moh-ba'-lee]; **r. hand** loboko ya mobali [loh-bo'-ko ya]
ring **1. n.** lompete [loh-mpe'-te] **2. v.** (bell) kobete ngonga [koh-be'-te n-goh-nga]
ripe **adj.** (fruit) eteli [eh-teh-lee]
rise **v.** (get up) koteleme [koh-te'-le-me]
river **n.** ebale [eh-ba-leh]; (small) mongala, [moh-nga'-la']
road **n.** balabala, mofali [ba-la-ba'-la, moh-fa-lee]
roast **v.** kokalanga [koh-ka-la-nga]
rock **n.** (stone) libanga [lee-ba'-nga']
romantic **adj.** ya bolingo [ya boh-lee-ngoh]
roof **n.** motondo [moh-to'-ndo]
room **n.** suku [soo-koo]
rope **n.** mokulu [moh-koo-loo]
rosary **n.** (rel.) sapele [sa-pe-le']
rotten **adj.** epoli, ya kopola [eh-po-lee, ya koh-po-la]
round **adj.** zolongano [zoh-loh-nga-noh]
rub **v.** (massage) kokosa [koh-koh-sa]

rubber **n.** motope [moh-toh'-peh]
ruin **v.** kobebisa [koh-beh-bee-sa]
run **v.** kopota [koh-poh-ta]; (society) kobongisa
[koh-boh-gee-sa]; **run away** **v.** kokima [koh-kee-ma]
rusty **adj.** egugi, ya koguga [eh-goo-gee, ya koh-goo-ga]

S

sad **adj.** mawa [ma-wa]: **I'm sad** nazali koyoka mawa [na-za-lee
koh-yoh-ka]; nazali na mawa [na-za-lee na]
saint **n.** mosantu [moh-sa-ntoo] **St. Paul** Mosantu Paul
All Saints' Day Basantu banso [ba-sa-ntoo ba-nso]
salt **n.** mongwa, monana [moh-ngwa, moh-na-na]
same **adj.** ata, -mei, se, moko [a-ta', meh'-ee, seh', mo'-ko']
sand **n.** zelo [zeh-loh], (pl.) melo
sandal **n.** lipapa [lee-pa-pa]
Saturday **n.** mposo, sabala [mpo'-so, sa-ba-la]
save **v.** (rescue) kobikisa [koh-bee-kee-sa]
say **v.** koloba [koh-loh-ba]: **I say** nalobi [na-loh-bee]
school **n.** kelasi, eteyelo [keh-la-see, eh-teh-yeh-loh]
science **n.** zebi [zeh-bee]
scissors **n.** makasi [ma-ka'-see]
sculpture **n.** botendi [boh-te-ndee]
sea **n.** mbu [mboo']
search for **v.** koluka [koh-loo-ka]
see **v.** komono, -a, kotala [koh-mo'-no, koh-ta'-la]: **I
see** namoni [na-mo'-nee]; **see each other** **v.** komonono
[koh-mo-no-no]
sell **v.** koteke [koh-te'-ke]: **do you sell...?** oteke...?
[oh-te'- ke]
seller **n.** moteki [moh-te'-kee]
send **v.** kotoma, kotinda [koh-toh'-ma, koh-tee-nda]; **send
to** **v.** kotindela [koh-tee-ndeh-la]: **send it to me** tindela
ngai yango [tee'-ndeh-la' n-ga'-ee ya-ngoh']
separate **v.** kosesa [koh-seh-sa]
September **n.** septembere [sep-te-mbe-re]
servant **n.** boi [bo'-ee]
serve **v.** kosalela [koh-sa-leh'-la]
seven **adj./n.** nsambo [nsa-mboh]
sew **v.** kosono [koh-so-no]
shadow **n.** elili [eh-lee-lee]
shake **v.** (shiver) kolenge [koh-le'-nge]
shape **n.** (form) lolenge [loh-le'-nge]
share **v.** kokaba, kokabola [koh-ka-ba, koh-ka-boh-la]
sharp **adj.** (knife) mopotu [moh-poh-too]
shave **v.** kokolola [koh-koh-loh-la]
she **pron.** a- [a]: **she is** azali [a-za-lee]
sheep **n.** meme, mpata [me'-me', mpa-ta']
shine **v.** kotana [koh-ta-na]

ship **n.** masuwa [ma-soo-wa]
shirt **n.** semisi [se-mee'-see]
shock **n.** motutano [moh-too-ta-noh]
shoe **n.** ekoto [eh-koh'-toh']
shop **n.** magazini, butiki [ma-ga-zee'-nee, boo-tee-kee]
shore **n.** libongo [lee-boh'-ngoh']
short **adj.** -kuse, mokuse [moh-koo'-seh']
shout **v.** konganga [koh-nga-nga]
shovel **n.** (spade) mpau [mpa-oo]
show **v.** kolakisa, komonisa [koh-la-kee-sa, koh-mo'-nee-sa]:
  show me... lakisa ngai... [la-kee-sa n-ga'-ee]
shower **n.** (bath) douche [doosh]
shrine **n.** (sanctuary, tomb) bosambelelo [boh-sa-mbeh-leh-loh]
shut **v.** kofunga [koh-foo-nga]
shy **adj.** abangi [a-ba-ngee]
sick **adj.** **I'm s.** nazali kobela [na-za-lee koh-be'-la]
side **n.** epai [eh-pa'-ee]
sightseeing **n.** botali mboka [boh-ta'-lee m-boh'-ka]
sin **n.** sumuki [soo-moo-kee]
since **adv.** uta, banda [oo-ta, ba-nda]
sing **v.** koyemba [koh-yeh'-mba]: **I sing** nayembi [na-yeh-mbee]
singer **n.** moyembi [moh-yeh-mbee]
single **n.** (unmarried) ndumba, mozemba [n-doo-mba, moh-zeh-mba]
sister **n.** ndeko mwasi [n-de-koh mwa'-see]
sister-in-law **n.** semeki, bokilo [se-me'-kee, boh-kee-loh']
sit (down) **v.** kofanda, kozala [koh-fa-nda, koh-za-la]: **let's
  sit down** tofanda [toh-fa-nda]
sitting room **n.** esika ya masolo [eh-see'-ka' ya ma-soh-loh']
six **adj./n.** motoba [moh-toh'-ba']
size **n.** lomeko, motango [loh-meh-koh, moh-ta-ngoh]
skin **n.** loposo, pl. mposo [loh-poh-soh, mpoh-soh]
sky **n.** likolo [lee-koh-loh']
sleep **v.** kolala [koh-la'-la]
sleepy **adj.** mpongi [mpo-ngee]: **I'm s.** nazali koyoka mpongi
  [na-za-lee koh-yoh'-ka]
slippers **n.** sapato [sa-pa-toh]
slippery **adj.** (road) boselu [boh-se'-loo]
slow **adj.** goigoi, na mbango te [go-ee-go'-ee, na m-ba-ngoh
  te']
slowly **adv.** malembe [ma-le'-mbe]
small **adj.** -ke, moke [moh-ke']
smell **n.** nsolo [nso-lo]
smoke **1. n.** molinga [moh-lee-nga] **2. v.** komele likaya
  [koh-me-le lee-ka-ya]
snail **n.** libelekete [lee-be-le'-ke-te]
snake **n.** nyoka [nyoh'-ka]
snow **n.** mai makangani [ma'-ee ma-ka-nga-nee]
soap **n.** saboni [sa-bo'-nee]
socks **n.** soseti [soh-se'-tee]
soft **adj.** motau, petepete [moh-ta-oo, pe-te-pe-te]
soldier **n.** soda [so-da']

some **adj.** (unspecified) moko [mo'-ko']
somebody, -one **pron.** moto moko [moh-toh mo'-ko']
something **n.** eloko moko [eh-lo-ko mo'-ko']
sometimes **adv.** mbala na mbala [m-ba-la na' m-ba-la]
son **n.** mwana mobali [mwa'-na moh-ba'-lee]
song **n.** loyembo [loh-yeh'-mboh], (pl.) nzembo
soon **adv.** noki, silnana [no koe, bee ku' wa]
sore **n.** bolozi [boh-loh-zee]
sorry **adj.** mawa [ma-wa]: **I'm s.** nazali koyoka
mawa [na-za-lee koh-yoh'-ka]
soul **n.** (spirit) molimo [moh-lee-moh]
soup **n.** supu [soo-poo]
sour **adj.** (taste) bololo [boh-loh-loh]
south **adj./n.** sudi [soo-dee]
sparrow **n.** mokengemboka [moh-ke'-nge-mboh'-ka]
speak **v.** koloba [koh-loh-ba]: **do you s. English?** olobaka
anglais? [oh-loh-ba-ka angle]
special **adj.** ya lolenge [ya loh-le'-nge']
spectacles **n.** talatala [ta-la-ta'-la]
spend **v.** (money) kosilisa mosolo [koh-see-lee-sa moh-so-lo]
spicy **adj.** bokenzu [boh-keh-nzoo']
spirit **n.** elimo [eh-lee-moh]
spit **v.** kotwa [koh-twa-a]
sponge **n.** limbusu [lee-mboo-soo']
spoon **n.** lutu, lokele [loo-too, loh-ke-le']
sport **n.** lisano [lee-sa-noh]
spring **n.** 1. (water) liziba [lee-zee-ba] **2.** (season) eleko
ya mbula [eh-leh-koh ya mboo-la]
stand (up) **v.** koteme, kotelema, -me [koh-te'-me, koh-te'-le'-me]
star **n.** monzoto [moh-nzo'-to]
start **v.** kobanda [koh-ba-nda]
station **n.** loteme [loh-te'-me]
stay **v.** (remain) kotikala [koh-tee'-ka-la]: **we'll stay here**
tokotikala awa [toh-koh-tee-ka-la a'wa]
steal **v.** koyiba [koh-yee-ba]: **he has stolen** ayibi [a-yee-bee]
stick **1. n.** nzete [n-zeh-teh'] **2. v.** (to sth) kobandema
[koh-ba-ndeh-ma]; (to a woman) kobanda [koh-ba-nda]
still **adv.** se, naino [seh', na-ee-noh]: **he's s. ill** azali
se kobela [a-za-lee koh-be'-la]
sting **n.** (of insect) monzube [moh-nzoo-beh]
stomach **n.** libumu [lee-boo-moo]
stone **n.** libanga [lee-ba-nga]
stool **n.** (seat) ebonga [eh-bo'-nga]
stools **n.** (pl.) (med.) nyei, selles [nyeh'-ee, sel]
stop **v.** koteme [koh-te'-me]
store **n.** butiki, magazini [boo-tee-kee, ma-ga-zee-nee]
storm **n.** ekumbaki [eh-koo-mba-kee]
straight **adj.** semba [seh-mba]
stranger **n.** mopaya [moh-pa-ya]
street **n.** mololo, balabala [moh-loh-loh, ba-la-ba'-la]
string **n.** (n)singa [nsee-nga]

strong **adj.** -kasi, makasi [ma-ka'-see]
student **n.** moywkoli [moh-yeh-koh-lee]
study **v.** koyekola [koh-yeh-koh-la]
suffer **v.** koyoka mpasi [koh-yoh'-ka mpa'-see]
sugar **n.** sukali [soo-ka-lee]
suit **n.** (costume) molato [moh-la-toh]
suitcase **n.** valizi [va-lee-zee]
summer **n.** eleko ya moi makasi [eh-leh-koh ya moh'-ee ma-ka'-see]
sun **n.** moi, mwese [moh'-ee, mwe'-se]
Sunday **n.** lomingo, eyenga [loh-mee-ngoh, eh-yeh-nga]
sure **adj.** solo [so'-lo']
surprise **n.** bokamwi, motatabana (boh-ka-mwee, moh-ta-ta-ba-na]
swamp **n.** mokili potopoto [moh-kee-lee po-to-po-to]
sweep **v.** kokombo [koh-ko-mbo]
sweet **1. adj.** elengi [eh-le-ngee] **2. n.** (candy) bonbon
  [bon-bon]
swim **v.** kobete, -ta mai [koh-be'-te ma'-ee]: **I can s.** nakoki
  kobete mai [na-koh-kee]
switch off **v.** (light) koboma [koh-boh-ma]; **switch on v.**
  kopelisa, kobambola [koh-peh-lee-sa, koh-ba-mboh-la]

T

table **n.** mesa [meh'-sa]
tail **n.** (of animal) mokondo [moh-koh-ndoh']
take **v.** kokamata [koh-ka-ma-ta]: **I'll take this** nakokamata
  oyo [na oh'-yoh]; **take!** ma! [ma']
talk **v.** koloba [koh-loh-ba]: **she talks too much** alobi
  mingimingi [a-loh-bee mee'-ngee]
tall **adj.** -lai, molai [moh-la-ee]: **he's tall** azali molai
  [a-za-lee]
taste **1. n.** (good) elengi [eh-le-ngee] **2. v.** komeka
  [koh-meh-ka]
tax **n.** ntako [nta'-koh]
tea **n.** ti [tee']
teach **v.** koteya, kolakisa [koh-teh-ya, koh-la-kee-sa]
teacher **n.** molakisi [moh-la-kee-see]
teapot **n.** birika [bee-ree-ka]
television **n.** televizyo [teh-leh-vee-zyo']
tell **v.** koyebisa [koh-yeh-bee-sa]: **tell me...** yebisa ngai...
  [yeh-bee-sa n-ga'-ee]
ten **adj./n.** zomi [zoh'-mee]
temple **n.** ndako-Nzambe [n-da'-koh N-za'-mbeh]
tent **n.** ema [eh'-ma]
than **conj.** eleki [eh-leh-kee]: **he's stronger than you** azali
  makasi eleki yo [a-za-lee ma-ka'-see yo']
thank **v.** kotondo, kosima [koh-to'-ndoh, koh-see-ma]: **thank
  you** natondi yo [na-to'-ndee yo']
thanks **int./n.** melesi [me-le-see]

that **1. adj./pron.** yango [ya-ngoh']: **that thing** eloko yango
[eh-lo-ko] **2. conj.** te [teh]
theft **n.** boyibi [boh-yee-bee]
their **adj.** ya bango [ya ba-ngoh']: **their father** tata ya
bango [ta-ta']
them **pron.** bango [ba-ngoh']; **themselves pron.** bango moko
[mô'-kô']
then **adv.** na nsima [na nsee-ma]
there **adv.** (near you) wana [wa'-a-na']; (over there) kuna
[koo'-na']: **who's there?** nani wana? [na'-nee]; **there he
is** ye kuna [yeh']
therefore **adv.** ko, nde [koh', n-deh']
these **adj./pron.** baye [ba-yeh']
they **pron.** ba- [ba]: **they are** bazali [ba-za-lee]
thick **adj.** mbinga [m-bee-nga]
thief **n.** moyibi [moh-yee-bee]
thin **adj.** moke [moh-ke']
thing **n.** eloko [eh-lo'-ko], (pl.) biloko
think **v.** kokanisa [koh-ka-nee-sa]
thirst **n.** mposa [mpoh'-sa'] **(for** ya): **I'm thirsty** nazali
na mposa [na-za-lee na]
this **adj./pron.** oyo [oh'-yoh]: **this man** moto oyo [moh-toh]
those **adj./pron.** bango (ba-ngoh']
thread **n.** busi [boo-see]
three **adj./n.** misato [mee-sa'-toh]
throat **n.** mongongo [moh-ngoh'-ngoh']
through **1. prep.** na [na'] **2. v.** **go through** (forest etc.)
kokatisa [koh-ka-tee-sa]
throw **v.** kobwaka [koh-bwa'-ka]
thunder **n.** nkaki [nka'-kee]
Thursday **n.** mokolo ya minei [moh-ko-lo- ya mee-neh-ee]
ticket **n.** tike [tee-ke']
time **n. 1.** (n)tango [nta'-ngoh] **2.** (period) eleko
[eh-leh-koh] **3.** (occasion) mbala [m-ba-la]: **a long t.**
kala [ka-la']; **a short t.** se sika [seh' see-ka]
tip **n.** (gratuity) matabisi [ma-ta-bee'-see]
tired **adj.** **I'm tired** nalembi [na-le-mbee]
to **prep.** na, o [na, oh]
tobacco **n.** likaya, tumbako [lee-ka-ya, too-mba-koh]
today **adv.** lelo [le-lo']
toe **n.** monsai [moh-nsa-ee]
together **adv.** elongo [eh-lo-ngo']
toilet **n.** (w.c.) libulu, kabine [lee-boo-loo, ka-bee-ne']:
where's the toilet? kabine ezali wapi? [eh-za-lee wa'-pee]
tomato **n.** tomati [toh-ma-tee]
tomorrow **adv./n.** lobi [loh'-bee]
tongue **n.** (body) lolemu [loh-leh-moo], (pl.) ndemu
tonight **adv.** na butu [na boo-too']
too **adv. 1.** (also) mpe [mpeh] **2.** (excessively) mingi
[mee-ngee]: **too big** monene mingi [moh-ne'-ne]
tool **n.** esaleli [eh-sa'-leh-lee]

tooth n. lino [lee'-noh]
toothpick n. mombai [moh-mba-ee]
top n. likolo [lee-koh-loh']: **at the top** na likolo [na]
tortoise n. nkoba [nko'-ba]
touch v. kosimba [koh-see-mba]
tough adj. -kasi, makasi [ma-ka'-see]
tourism n. botali mboka [boh-ta'-lee m-boh'-ka]
towards prep. na [na]
towel n. litambala [lee-ta-mba-la]
tower n. ngala [n-ga-la]
town n. mboka enene, engumba [m-boh'-ka eh-ne'-ne, eh-ngoo-mba]
trade n. mombongo [moh-mbo'-ngo]
traditional adj. ya bankoko [ba-nko-ko]
train n. engbunduka [eh-ngboo-ndoo-ka]
travel 1. n. mobembo [moh-beh-mboh] **2. v.** kobemba [koh-beh'-mba]
traveler n. mobembi [moh-beh-mbee]
tree n. mwete [mweh-teh'], (pl.) miete
trousers n. patalo [pa-ta-lo]
truck n. (lorry) kaminio [ka-mee-nee-o']
true adj. solo, mpenza [so'-lo', mpeh-nza']
truth n. bosolo [boh-so'-lo']
try v. komeka [koh-meh-ka]
Tuesday n. mokolo ya mibale [moh-ko-lo ya mee-ba-leh']
turbulent adj. (person) mobulu [moh-boo-loo]
turkey n. dendon [den-don]
turn v. kobongola [koh-boh-ngoh-la]
twice adv. mbala mibale [m-ba-la mee-ba-leh']
twin n. (beds, brothers) lipasa [lee-pa-sa], (pl.) mapasa
twist v. (arm) kokamola [koh-ka-moh-la]
two adj./n. mibale [mee'-ba-leh']

U

ugly adj. ebe [eh-beh']
umbrella n. longembu [loh-ngeh-mboo]
uncle n. noko [no'-ko']
under prep. na nse [na nseh]
understand v. koyoka [koh-yoh'-ka]; **u. each other v.** koyokana [koh-yoh'-ka-na]
undress v. kobotolo elamba [koh-boh-toh-loh eh-la-mba]
university n. kelasi monene [keh-la-see moh-ne'-ne]
unpack v. kokangola [koh-ka-ngoh-la]
until prep. tee [teh'-eh']
up, upstairs adv. na likolo [na lee-koh-loh']
urine n. minya, masuba [mee-nya, mas-soo-ba]
us pron. biso [bee-soh']
use v. kosalela [koh-sa'-leh-la]
usual adj. ya momeseno [ya moh-me-se-noh]

V

valley n. mbwaku [m-bwa-koo]
value n. ntalo, motuya [nta'-loh, moh-too-ya]
vegetables n. ndunda [n-doo'-nda]
veranda n. mbalasani [m-ba-la-sa'-nee]
very adv. mingi [mee-ngee]
village n. mboka [m-boh'-ka]
visit 1. n. botali, lipaya [boh-ta'-lee, lee-pa-ya] 2. v.
  kotala [koh-ta'-la]: **I'd like to v.** ... nalingi kotala...
  [na-lee-ngee]
visitor n. mopaya [moh-pa-ya]
voice n. lolaka [loh-la-ka], (pl.) ndaka [n-da-ka]
volcano n. ngomba-moto [n-goh-mba mo'-to]
vomit v. kosanza [koh-sa-nza]

W

wait v. kozila [koh-zee-la]: **I'll wait here** nakozila awa
  [na-ko-zee-la a'-wa]; **wait for me** zila ngai [zee-la'
  n-ga'-ee]
walk v. kotambola [koh-ta'-mboh-la]: **let's go for a walk**
  tokende kotambola [toh-ke-nde]
wall n. efelo [eh-fe-lo]
want v. kolinga [koh-lee-nga]: **I want** nalingi [na-lee-ngee]
war n. etumba [eh-too-mba]; (civil) etumba ya bai mboka
  [ya ba-ee m-boh'-ka]
warm adj. molunge [moh-loo-nge']
wash v. kosukola [koh-soo-koh-la]: **wash the car, please**
  sukola motuka, palado [soo-koh-la' moh-too-ka pa-la-do']
watch 1. n. (clock) sa [sa'-a] 2. v. kotala [koh-ta'-la]
watchman n. mokengeli, sinzili [moh-keh'-nge-lee, see-nzee-lee]
water n. mai [ma'-ee]
waterfall n. meta, boeta [meh-ta, boh-eh-ta]
way n. 1. (route) nzela/nzila [n-zeh-la'] 2. (manner) ndenge
  [n-de'-nge']
we pron. to- [toh]: **we are** tozali [toh-za-lee]
weak adj. -tau, motau [moh-ta-oo]
wear v. kolata [koh-la'-ta]: **you're wearing a nice dress**
  olati elamba kitoko [oh-la'-tee eh-la-mba kee-to'-ko]
weather n. eleko [eh-leh-koh]
Wednesday n. mokolo ya misato [moh-ko-lo ya mee-sa'-toh]
week n. mposo [mpo'-so]
weight n. bozito [boh-zee-toh']
welcome 1. int./n. boyei bolamu [boh-yeh'-ee boh-la'-moo];
  2. v. koyamba [koh-ya-mba]
well 1. adv. malamu [ma-la'-moo] 2. n. (water) libela
  [lee-beh'-la']
west adj./n. elozi [eh-loh-zee]

wet **1. adj.** mai-mai [ma'-ee-m.] **2. v. get wet** kopolo
   [koh-po-lo]
what **adj./pron.** boni, nini, nde, kani [boh'-nee, nee'-nee,
   n-deh, ka'-nee]: **w. are you doing?** ozali kosala nini?
   [oh-za-lee koh-sa'-la nee'-nee]
wheat **n.** ble [bleh]
wheel **n.** yika [yee-ka]
when **1. adv.** tango [ta'-ngoh] **2. conj.** soki [so'-kee]
where **adv./pron.** wapi [wa'-pee]
which **adj./pron.** nini, nani, kani [nee'-nee, na'-nee, ka'-nee]
white **1. adj.** (m)pembe [mpe-mbe] **2. n.** (person) mondele
   [moh-nde'-le']
who, whom **pron.** nani, kani [na'-nee, ka'-nee]: **who sits here?**
   nani afandi awa? [a-fa-ndee a'-wa]
whose **adj./pron.** ya nani [ya na'-nee]: **w. book is this?**
   buku oyo ya nani [boo'-koo oh'-yoh]
why **adv.** nini, mpo nini [nee'-nee, mpoh nee'-nee]; **conj. that's
   why** yango wana [ya-ngoh' wa'-a-na']
wide **adj.** monene [moh-ne'-ne]
widow **n.** mwasi wa mokbya [mwa'-see wa moh-kbya]; **widower**
   n. mobali wa mokbya [moh-ba'-lee]
wife **n.** (spouse) mwasi wa libala [mwa'-see wa lee-ba'-la]
wild **adj.** ya zamba, mosenzi [ya za-mba, moh-se'-nzee]
wildlife **n.** banyama na bandeke ya zamba [ba-nya-ma na ba-nde-ke
   ya za-mba]
win **v.** kolonga [koh-loh-nga]
wind **n.** mopepe [moh-pe-pe]
window **n.** lininisa [lee-nee-nee-sa]
wine **n.** masanga, vinu [ma-sa-nga, vee-noo]
winter **n.** eleko ya mpio makasi [eh-leh-koh ya mpee'-oh
   ma-ka'-see]
wish **v.** kotombela [koh-toh'-mbeh-la]
witch **n.** ndoki [n-do-kee]
with **prep.** mpe, na [mpeh, na]
without **adv.** te, tango [te', ta-ngoh]
witness **n.** nzeneneke [n-ze'-ne'-ne'-ke']
woman **n.** mwasi [mwa'-see]
wonderful **adj.** likamwisi [lee-ka-mwee-see]
wood **n.** nzete, mwete [n-zeh-teh', mweh-teh'], (pl.) miete;
   (firewood) nkoni [nko'-nee]
word **n.** liloba [lee-loh-ba]
work **1. n.** mosala [moh-sa'-la] **2. v.** kosala [koh-sa'-la];
   work for v. kosalela [koh-sa'-leh-la]: **he'll work for me**
   akosalela ngai mosala [n-ga'ee' moh-sa'-la]
world **n.** mokili [moh-kee-lee]
worm **n.** monkusu [moh-nkoo'-soo']
worry **v.** kopangana [koh-pa-nga-na]
wound **n.** (cut) mpota [mpoh'-ta']
wrap **v.** koziba [koh-zee-ba]: **will you w. it, please?** okoziba
   yango, palado? [ya-ngoh' pa-la-do']

write v. kokoma [koh-koh-ma]; **write to v.** kokomela
[koh-koh-meh'-la]: **write to me** komela ngai [koh-meh'-la'
n-ga'-ee']
wrong 1. adj. (incorrect) miko [mee-koh] **2. v. be wrong**
(mistaken) kobunga [koh-boo-nga]

Y

yam n. ekeke, esapa [eh-ke-ke, eh-sa-pa]
yard n. (measure) yadi [ya'-dee]
year n. mbula, mobu [m-boo'-la, moh-boo'], (pl.) mibu: **this
y.** mbula oyo [oh'-yoh]; **last y.** mbula eleki [eh-leh -kee];
next y. mbula ekoya [eh-koh-ya-a]
yellow adj. so, mosuku [soh, moh-soo-koo]
yes adv. iyo [ee'-yoh]
yesterday adv. lobi [loh'-bee]
yet adv. (still) naino, se [na-ee-noh, seh']: **not yet** naino
te [te']
you pron. 1. (subj.) o- [oh], (pl.) bo- [boh]: **are you...?**
ozali? [oh-za-lee] **2.** (obj.) yo [yo'], (pl.) bino [bee-noh']:
I see you namoni yo [na-mo'-nee yo']
young adj. elenge [eh-le-nge']
younger adj. leki [leh-kee]: **y. brother/sister** ndeko leki
[n-deh-koh]
your, yours adj./pron. na yo [na yo'], (pl.) na bino [na
bee-noh']: **your shirt** semisi na yo [se-mee'-see]; **it is
yours** yango na yo [ya-ngoh']
yourself pron. yo moko [mo'-ko'], (pl.) bino moko [bee-noh']
youth n. bolenge [boh-le-nge']

Z

zone n. esika [eh-see'-ka'], (pl.) bisika
zoo n. etuka ya banyama ya zamba [eh-too-ka ya ba-nya-ma ya
za'-mba]
zoology n. zebi za banyama na bandeke [zeh-bee za ba-nya-ma
na ba-nde-ke]

LINGALA - ENGLISH

A

a- [a] **pron.** he, she, it: **azali** [a-za-lee] he, she, it is
alimeti [a-lee-me'-tee] **n.** match (light)
ananasi [a-na-na'-see] **n.** pineapple
avoka [a-vo-ka] **n.** pear
ata [a-ta-a] **adv.** even
avio [a-vee-o] **n.** airplane
awa [a'-wa] **adv.** here

B

ba- [ba] **pron.** they: **bazali** [ba-za-lee] they are
baboti [ba-boh'-tee] **n.** (pl.) parents
bakisa [ba-kee-sa] **v.** add
bala [ba'-la] **v.** marry
balabala [ba-la-ba'-la] **n.** road, highway
bale [ba'-leh'] **n.** ball (sport)
bamba [ba-mba] **v.** repair, fix, weld
bambola [ba-mboh-la] **v.** (mwinda) light (lamp)
banda [ba-nda] **v.** begin, start: **babandi koyemba** [ba-ba-ndee koh-yeh'-mba] they begin to sing
bandema [ba-ndeh-ma] **v.** stick to
banga [ba'-nga] **v.** be afraid: **nazali kobanga** [na-za-lee' koh-ba'-nga] I am afraid
bango [ba-ngoh'] **pron.** them: **namoni bango** [na-mo'-nee] I see them; **na bango** [na] **adj./pron.** their, theirs: **tata na bango** [ta-ta'] their father; **adj./pron.** those: **bato bango** those people
bango moko [mo'-ko'] **pron.** themselves
bankoko [ba-nko-ko] **n.** (pl.) grandparents
barza [bar-za] **n.** veranda
Basantu banso [ba-sa-ntoo ba-nso] **n.** (pl.) All Saints' Day
basusu [ba-soo'-soo] **pron.** (pl.) some, others
batisimu [ba-tee-see-moo] **n.** (rel.) baptism
bato/batu [ba-toh] **n.** (pl.) people, men, persons
bato nyonso [nyo'-nso] **pron.** everybody, everyone
baye [ba-yeh] **adj./pron.** these: **basi baye** [ba'-see] these women
-be, mabe [ma-beh'] **adj.** wicked, bad, ugly
beba [beh'-ba] **v.** curse; **bebisa** [beh'-bee-sa] **v.** ruin
bebe [beh'-beh] **adv.** now, at present
beka [beh-ka] **v.** borrow
bela/bele [be'-la] **v.** be ill, sick: **nazali kobela** [na-za-lee koh-be'-la] I am sick/ill

bela (beh-la] **v.** (bilei) boil (food)
bemba [beh'-mba] **v.** travel
bemba [be'-mba] **v.** charm, attract
benda [beh'-nda] **v.** pull
bendele [be-nde-le] **n.** flag
benga [beh'-nga] **v.** call: **papa abengi mbwa** [pa-pa' a-beh'-ngee
  m-bwa'] father has called the dog
-**besu, mobesu** [moh-beh'-soo] **adj.** raw, fresh, unripe, green
bete/beta [be'-te] **v.** beat, strike, knock, hit
bete mai [ma'-ee] **v.** swim
bete ngonga [n-goh-nga] **v.** ring (bell)
bikisa [bee'-kee-sa] **v.** save, rescue
bile/bilei [bee-leh'-ee] **n.** food, dish
bilei bya ekolo [bya eh-ko'-lo] **n.** (pl.) local/homemade dishes
biliki [bee-lee'-kee] **n.** desert
bilo [bee-loh] **n.** office
biloko [bee-lo'-ko] **n.** (pl.) goods, baggage, things, merchandise
bima [bee'-ma] **v.** go out, come out: **Mado abimi** [a-bee-mee]
  Mado has gone out
bina [bee-na] **v.** dance: tozali kobina [toh-za-lee koh-bee-na]
  we are dancing
bino [bee-noh'] **pron.** (pl.) you; **na bino** [na] **adj./pron.**
  your, yours: **ndako na bino** [n-da'-koh] your house
birika [bee-ree-ka] **n.** kettle, teapot
bisika binso [bee-see'-ka' bee-nso] **adv.** everywhere
bisikiti [bee-see-kee-tee] **n.** biscuit, cookie
biso [bee-soh'] **pron.** us; **na biso** [na] **adj./pron.** our, ours:
  mama na biso [ma-ma'] our mother
biso moko [mo'-ko'] **pron.** ourselves
bitabi [bee-ta-bee] **n.** (pl.) plantains; **etabi n.** plantain
biye [bee-yeh] **n.** (makuta) banknote, bill
ble [bleh] **n.** wheat
bo- [boh] **pron.** (pl.) you: **bozali** [boh-za-lee] you are
bobandu [boh-ba-ndoo] **n.** humidity
bobangi [boh-ba'-ngee] **n.** shyness: **abangi** [a-] she is shy
bobele [boh-be'-le'] **adv.** only, permanently
boboto [boh-boh'-toh] **n.** peace, kindness
boeta [boh-eh-ta] **n.** waterfall
bokenzu [boh-ke-nzoo] **adj.** spicy, piquant
bokeseni [boh-ke-seh-nee] **n.** difference
bokila [boh-kee-la] **n.** hunting
bokilo [boh-kee-loh'] **n.** father/mother-in-law
bokolongono [boh-koh'-loh'-ngoh'-noh'] **n.** health
bokono [boh-ko-no] **n.** disease, illness
bokono bwa sukali [bwa soo-ka'-lee] **n.** diabetes
bokumisi [boh-koo-mee-see] **n.** (rel.) cult, service, worship
bolai [boh-la-ee'] **n.** height, length
bolamu [boh-la'-moo] **n.** good luck, happiness, kindness
bolangiti, (pl.) **malangiti** [boh-la-ngee-tee] **n.** blanket
bolenge [boh-le-nge'] **n.** youth
bolimbisi [boh-lee-mbee-see] **n.** excuse, pardon

bolingo [boh-lee-ngoh] **n.** love; **ya b.** [ya] **adj.** romantic
bololo [boh-loh-loh] **n.** bitterness; **adj.** bitter, sour
bolozi [boh-loh'-zee] **n.** pain, ache, grief
bolumbu [boh-loo-mboo] **n.** nakedness; **adj.** naked
boma [boh-ma] **1. v.** kill   **2. v.** **koboma** (mwinda) switch
  off, put out (light)
bomba [boh'-mba] **v.** hide
bombana [boh'-mba-na] **v.** hide oneself
bomoi [boh-mo-ee] **n.** life
bondela [boh'-ndeh-la] **v.** ask for: **nabondeli eloko moko**
  [na-boh'-ndeh-lee eh-lo'-ko mo'-ko'] I ask for something
bondo [bo'-ndo] **v.** calm, relieve
bondoki [boh-ndoh'-kee] **n.** gun, rifle
bonga [bo-nga] **v.** be suitable, be better, must
bongisa [boh-ngee-sa] **v.** arrange, direct, manage
bongo [boh-ngoh'] **n.** brain
bongo [boh-ngoh] **v.** (masanga) pour (drink)
bongola [boh-ngoh-la] **v.** change, turn
boni [boh'-nee'] **adv.** how, how much, how many; **pron.** what
bopela [boh-peh-la] **adj.** famous
bopemi [boh-peh-mee] **n.** repose, rest
boponi [boh-po-nee] **n.** choice
bosambelelo [boh-sa-mbeh-leh-loh] **n.** shrine, sanctuary
bosana [boh-sa-na] **v.** forget
boselu [boh-se-loo] **adj.** slippery
boso [boh-soh'] **n.** (nzoto) forehead
bosolo [boh-so'-lo'] **n.** truth
bosoto: ya b. [ya boh-soh-toh] **adj.** dirty
bota [boh'-ta] **v.** give birth (to)
botali mboka [boh-ta'-lee m-boh'-ka] **n.** tourism, sightseeing
bokamwi [boh-ka-mwee] **n.** surprise
botendi [boh-te-ndee] **n.** sculpture
botolo [boh'-toh-loh] **v.** (elamba) undress
bowa [boh'-wa] **v.** cure, heal
boya [boh'-ya] **v.** refuse, disobey
boyambi [boh-ya-mbee] **n.** (rel.) faith
boye/bongo [boh-yeh/boh'-oh-ngoh'] **adv.** thus, so, in this way
boyebisi [boh-yeh'-bee-see] **n.** notice
boyei [boh-yeh'-ee] **n.** arrival
boyibi [boh-yee-bee] **n.** theft
bozindo [boh-zee-ndoh'] **n.** depth
bozito [boh-zee-to] **n.** weight
bozoba [boh-zo'-ba] **n.** ignorane
buka [boo'-ka] **v.** break, crunch
buku [boo'-koo] **n.** book
bulo [boo-lo] **adj.** (langi) blue
buna/bunda [boo-na/boo-nda] **v.** fight: **kobunda te** [koh-boo-nda
  te'] do not fight
bunga [boo-nga] **v.** lose, mistake, forget: **nabungi nzela**
  [na-boo-ngee n-nze-la'] I am lost; I have lost my way
bunola [boo-noh-la] **v.** reduce

busi [boo-see] **n.** thread
buta [boo-ta] **v.** climb
butiki [boo-tee-kee] **n.** store, shop
buto [boo-to'] **n.** button
butu [boo-too'] **n.** night
buzi [boo-zee] **n.** candle
bwaka [bwa'-ka] **v.** throw
bwato, (pl.) mato [bwa'-toh] **n.** boat, canoe
byanga [bya'-nga] **v.** invite, call

D

dalapo [da-la-poh'] **n.** flag
defa [deh-fa] **v.** borrow
dendon [den-don] **n.** turkey
desembere [de-se-mbe-re] **n.** December
di [dee] **n.** friend
diaman [dee-a-man] **n.** diamond

E

e- [eh] **pron.** it: **ezali** [eh-za-lee] it is, there is
ebale [eh-ba-leh] **n.** river
ebandeli [eh-ba-ndeh-lee] **n.** beginning
ebe [eh-beh'] **adj.** ugly
ebele [eh-beh-leh'] **adj.** many; **n.** plenty (of): **nabomaki
  e. ya mbisi** [na-boh'-ma'-kee' m-bee'-see] I caught plenty
  of fish
ebembe [eh-beh-mbeh] **n.** corpse
ebenga [eh-be-nga'] **n.** pigeon
ebonga [eh-bo'-nga'] **n.** stool
ebuneli [eh-boo-neh-lee] **n.** weapon, arm
ebuteli [eh-boo-te-lee] **n.** ladder
efelo [eh-fe-lo] **n.** wall
ekeke [eh-ke-ke] **n.** yam
ekeko [eh-ke-ko] **n.** monument
ekembe [eh-keh-mbeh'] **n.** musical instrument
ekoki [eh-koh-kee] **adj.** enough, possible
ekolo [eh-ko-lo'] **n.** basket
ekolo [eh-ko'-lo] **n.** country
ekomeli [eh-koh-meh-lee] **n.** pen, pencil
ekomo [eh-ko'-mo] **n.** bracelet
ekoto [eh-koh'-toh'] **n.** shoe
ekumbaki [eh-koo-mba-kee] **n.** storm
ekutu [eh-koo-too] **n.** pumpkin
ekwae [eh-kwa-e] **n.** partridge, pheasant
elaka [eh-la-ka] **n.** date, period

elamba, (pl.) bilamba [eh-la-mba'] n. cloth, material, fabric
elanga [eh-la-nga] n. farm
eleki [eh-leh-kee] adj. 1. past: mposo eleki [mpo'-so]; last
  week; 2. superlative: Za azali makasi eleki Mariya [a-za-lee
  ma-ka'-see] John is stronger than Mary
eleko [eh-leh-koh] n, weather, period, season
eleko ya [ya] prop. during
elema [eh-le'-ma'] adj. mad (person), insane
elenge [eh-le-nge'] adj. young girl, boy
elengi [eh-le-ngee] adj. good taste
elikia/elikya [eh-lee-kee-ya] n. hope
elili [eh-lee'-lee] n. shadow, photo, picture
elimo [eh-lee-mo] n. spirit
eloko, (pl.) biloko [eh-lo'-ko] n. thing
eloko moko [mo'-ko'] pron. something
eloko te [te'] pron. nothing
eloli [eh-lo-lee] n. sunset
elongi [eh-loh-ngee] n. face
elongo [eh-lo-ngo'] adv. together: tokokende elongo
  [toh-koh-ke-nde] we shall go together
elozi [eh-lo-zee] adj./n. west
ema [eh'-ma] n. tent
engbunduka [eh-ngboo-ndoo-ka] n. train
engomeli [eh-ngo-me-lee] n. iron (for clothes)
engondo [eh-ngo-ndo'] n. eagle
engumba [eh-ngoo-mba] n. city, town
engwongolo [eh-ngwoh-ngoh-loh] n. can (of oil)
enkoti [eh-nko-tee] n. hat, cap
epai [eh-pa'-ee] n. side, part, piece: epai ya Bibi [ya]
  at Bibi's house; at Bibi's
epotu [eh-po-too] adj. dirty
esako [eh-sa'-koh] n. applause
esaleli [eh-sa'-leh-lee] n. tool
esambelo [eh-sa'-mbeh-loh] n. court
esanga [eh-sa-nga] n. island
esanzi [eh-sa-nzee] n. gasoline
esapi [eh-sa-pa] n. yam
eseka [eh-se-ka] n. friend
esengo [eh-se-ngo] n. happiness, good fortune: nazali koyoka
  esengo [na-za-lee koh-yoh'-ka] I am happy
esika, (pl.) bisika [eh-see'-ka'] n. place, site, zone
esika esusu [eh-soo'-soo] adv. elsewhere
esika ya masolo [ya ma-so'-lo] n. living/sitting room
esobe [eh-so'-be'] n. meadow
etalaka [eh-ta'-la'-ka'] n. bridge; (ndako) story
etanda [eh-ta'-nda] n. bench (seat)
etandaka [eh-ta-nda'-ka] n. cupboard, closet
eteli [eh-teh-lee] adj. (mbuma) ripe (fruit)
eteni [eh-te'-nee] n. piece
eteyelo [eh-teh'-yeh-loh] n. school
etima [eh-tee'-ma'] n. lake, pond

etoele [eh'-toh-e'-le'] **n.** plant (botany)
etuka [eh-too'-ka'] **n.** department, group of houses
etuka enene [eh-ne'-ne] **n.** district, quarters (of town)
etumba [eh-too-mba] **n.** war, fight
eyano [eh-ya-noh] **n.** answer, reply
eyenga [eh-yeh-nga] **n.** Sunday, holiday, festival

F

fanda [fa-nda] **v.** live, sit (down): **tofandaka na Zaire**
  [toh-fa-nda-ka na] we live in Zaire; **nani afandi awa?**
  [na'-nee a-fa-ndee a'-wa] who sits here?
farasa [fa-ra'-sa] **n.** horse
febuari [feh-boo-a-ree] **n.** February
fefele [fe'-fe-le] **n.** fever
felele [fe-le-le] tala **fulele**
felo [fe'-lo] **n.** iron (for clothes)
fololo [fo-lo'-lo] **n.** match (light)
finga [fee'-nga] **v.** insult
foti [foh'-tee] **n.** mistake
foto [foh-toh'] **n.** picture, photo
fufu [foo-foo'] **n.** flour
fulele [fu-le-le] **n.** flower
funga [foo'-nga] **v.** close, shut
fungola [foo-ngoh-la] **v.** open, unpack
futa [foo'-ta] **v.** pay
futela [foo-teh-la] **v.** hire, rent

G

gbagba [gba-gba] **n.** bridge
goigoi [go-ee-go'-ee] **adj.** lazy, slow
goma [goh-ma] **v.** (bilamba) iron, press (clothes)
guga [goo-ga] **1. v.** rust; **2. adj. egugi** [eh-goo-gee] rusty

I

iyo [ee'-yoh] **adv.** yes

K

ka [ka'] **conj.** but
kaba [ka-ba] **v.** give

kabinda [ka-bee-nda] n. carpenter
kabine [ka-bee-ne'] n. toilet, lavatory, restroom: **kabine
ezali wapi?** [eh-za-lee wa'-pee] where is the toilet?
kabola [ka-boh-la] v. divide, share
kakao [ka-ka-oh] n. cocoa
kakola [ka-koh-la] v. (ntalo) bargain, haggle (price)
kala [ka-la] 1. adv. before, first, long ago 2. adj. ya kala
[ya] old: **kazaka ya kala** [ka-za-ka] an old jacket
kalakala adv. formerly, already: **Andesa alamba kalakala**
[a-la'-mba'] Andesa has prepared already
kalaki [ka-la'-kee] n. clerk
kalanga [ka-la-nga] v. (nyama) roast
kalati [ka-la'-tee] n. card
kamata [ka-ma-ta] v. take: **nakokamata oyo** [na-koh-ka-ma-ta
oh'-yoh] I will take this
kamela [ka-me-la] n. camel
kamera [ka-meh-ra] n. camera
kaminyo [ka-mee-nyo'] n. lorry, truck
kamola [ka-moh-la] v. (loboko) twist (arm)
kanga [ka-nga'] v. close, catch
kangola [ka-ngoh-la] v. open, unpack
kani [ka'-nee] adj. pron. what, which; **pron.** who
kanisa [ka-nee-sa] v. think (about)
kasi [ka-see] conj. but, however, at last
-kasi, makasi [ma-ka'-see] 1. adj. difficult, hard, strong,
tough 2. adv. with difficulty, hard, harshly
kata [ka'-ta] v. cut
kati [ka'-tee] 1. n. middle, center: **oyo ya katikati** [oh'-yoh
ya ka-tee-ka'-tee] the middle one; 2. prep. **na kati** [na
ka'-tee] in, inside
katini [ka-tee-na] n. bucket, pail
katisa [ka-tee-sa] v. cross, go across, go through
kawa [ka'-wa] n. coffee
kazaka [ka-za-ka] n. jacket, coat
kaye [ka-yeh] n. notebook, workbook
-ke, moke [moh-ke'] adj. small, little, not much, thin; **eleki
moke** [eh-leh-kee] smaller
keba [keh'-ba] v. take care, pay attention
kelasi, (pl.) **bakelasi** [keh-la'-see] n. school, class
kende [ke-nde] v. go, leave: **nakei** [na-ke-ee'] I am going/have
gone; **nakokende** [na-koh-ke-nde] I shall go; **kende malamu!**
[ke-nde' ma-la'-moo] goodbye!
kengele [keh'-nge-le] v. watch, see to
keusa [ke-oo'-sa] n. silk
kima [kee-ma] v. run away, escape: **nsoso akimi** [nsoh'-soh'
a-kee-mee'] the hen has run away
kina [kee'-na'] prep. until, till
kiti, (pl.) **bakiti** [kee'-tee] n. chair, seat
kitoko [kee-to'-ko] adj. beautiful, nice, handsome, pretty:
mboka ezali kitoko [m-boh'-ka e-za-lee] the village is
beautiful

ko [koh'] **adv.** therefore, then, at last
koba langi [koh'-ba la'-ngee] **v.** paint
koka [koh-ka] **v.** be able, can, may: **nakoki** [na-koh-kee]
I can; **nakoki kokende sikoyo?** [na-koh-ee' koh-ke-nde
see-koh'-yoh] may I go now?
koka [koh'-ka] **v.** dry; **ekoki** [eh-koh'-kee] it is dry
kokoti [koh-koh-tee] **n.** coconut
kokoto [ko-ko'-to] **n.** smallpox
kolola [koh'-loh-la] **v.** shave
kolongono [koh'-loh'-ngoh'-noh'] **v.** perfect, complete
koma [koh-ma] **v.** write; **kokomela** [koh-koh-meh-la] **v.** write
to: **komela ngai** [n-ga'-ee'] write to me
koma [koh'-ma] **v.** arrive, become, reach: **tokomi** [toh-koh'-mee]
we have arrived; **kokomela** [koh-koh'-meh-la] **v.** arrive at
kombo [koh-mboh] **v.** sweep
kompani [koh-pa-nee'] **n.** company
Kongo [Koh-ngoh'] **n.** Congo
kopo [ko'-po] **n.** bowl, cup , tumbler, glass
kosa [koh-sa] **v.** rub, massage
kosa [koh'-sa] **v.** deceive
kosola [koh'-soh-la] **v.** cough
kosukosu [koh-soo'-koh-soo'] **n.** cough
kota [koh'-ta] **v.** enter, come in, go in
koto [ko-to] **n.** absorbent cotton
Kristo [kree-stoh] **n.** Christ
kufa [koo'-fa] **1. n.** death **2. v.** die: nakokufa
[na-koh-koo'-fa] I shall die
kuku [koo'-koo] **n.** kitchen; (molambi) cook
kulutu [koo-loo'-too] tala **nkulutu**
kumba [koo'-mba] **v.** carry
kuna [koo'-na'] **adv.** there, over there; **ye kuna** [yeh']
there he is
kunda [koo-nda] **v.** bury; **kokundola** [koh-koo-ndoh-la] **v.** dig
up, unearth
kundola motema [koo-ndoh-la moh-teh'-ma] **v.** remember
kuruse [koo'-roo'-seh] **n.** (rel.) cross
-kuse, mokuse [moh-koo'-seh'] **adj.** short
kuta [koo'-ta] **v.** find
kutana [koo'-ta-na] **v.** meet
kwa/kweya [kwa-a, kweh'-ya] **v.** fall (down)
kwivre [kwee-vre] **n.** (mitako) copper

L

-lai, molai [moh-la-ee'] **adj.** high, long, tall
laka [la-ka] **v.** advise, promise
lakisa [la-kee-sa] **v.** show, teach
lala [la'-la] **v.** sleep, go to bed
lamba [la'-mba] **v.** cook, prepare (food): **ozali kolamba nini?**

[oh-za-lee koh-la'-mba nee'-nee] what are you cooking?
-lamu, malamu [ma-la'-moo] **1. adj.** good, beautiful, lovely,
  happy, fine, nice **2. adv.** well; **eleki malamu** [eh-leh-kee]
  adj. better
landa [la-nda] **v.** follow
langi [la'-ngee] **adj.** color
langi la likasa [la lika'-sa] **adj.** green
langi la likolo [la lee-koh-loh'] **adj.** blue
lata [la'-ta] **v.** dress (oneself), wear, put on: **olati elamba
  kitoko** [oh-la'-tee eh-la-mba' kee-to'-ko] you are wearing
  a nice cloth
latisa [la'-tee-sa] **v.** dress (someone)
leka [leh-ka] **v.** pass, go past, go beyond
lekaleka [leh-ka-leh-la] **v.** walk about, travel around
leki [leh-kee] **adj.** younger
lekisa [leh-kee-sa] **v.** exceed, go beyond (limit etc.)
lela [leh-la] **v.** cry, shout, complain
lelo [le-lo'] **adv. n.** today
lembe [le-mbe] **v.** tire: **nalembi** [na-le-mbee] I am tired
-lembu, molembu [moh-leh-mboo'] **adj.** soft, easy
lenga [le'-nga] **v.** shake, shiver
letele [le'-te-le] **n.** letter
lia/liya [lee-a/lee-ya] **v.** eat: **nalei** [na-leh'-ee'] I have
  eaten
libala [lee-ba'-la] **n.** marriage
libanda [lee-ba'-nda'] **n.** playground, exterior
  na libanda [na] **adv.** outside
libanga, (pl.) mabanga [lee-ba'-nga'] **n.** stone, rock
libata [lee-ba-ta'] **n.** duck; (moto) bald-headed
libeke [lee-be-ke] **n.** shoulder
libela [lee-beh'-la'] **n.** hole, permanently; (mai) well
libele [lee-be'-le] **n.** (nzoto) breast
libenga [lee-beh-nga] **n.** bag, purse
libenge [lee-be-nge'] **n.** potato, sweet potato
liboke, (pl.) maboke [lee-boh'-keh'] **n.** package, packet
libongo [lee-boh'-ngoh'] **n.** quay, shore, port, wharf
libongo [lee-bo'-ngo'] **n.** (nzoto) knee
libonza [lee-boh-nza] **n.** gift, present
liboso [lee-boh-soh'] **adv.** first, before, in front (of)
libota [lee-boh-ta] **n.** family
libulu [lee-boo-loo] **n.** toilet, restroom, lavatory
libumu [lee-boo-moo] **n.** stomach, belly
  mpasi ya libumu [mpa'-see ya] **n.** stomachache
libumu likangani [lee-ka-nga-nee] **n.** constipation
libwa [lee-bwa'] **adj./n.** nine
lifungola [lee-foo-ngoh-la] **n.** key
lifuta [lee-foo'-ta] **n.** payment
ligbongo [lee-gbo-ngo] **n.** swamp
likama [lee-ka'-ma'] **n.** danger, emergency
likambo, (pl.) makambo [lee-ka-mboh'] **n.** matter, problem:
  likambo nini? [nee'-nee] what is the matter?

likaya [lee-ka'-ya'] **1. n.** cigar, cigarette **2. v. komele likaya** [koh-me-le] smoke
likei, (pl.) **makei** [lee-ke-ee'] **n.** egg
likindo [lee-kee-ndoh] **n.** (rel.) seminary
likolo [lee-koh-loh'] **n.** sky
 na likolo [na] **adv.** above, up, upstairs, top
likombe [lee-ko-mbe] **n.** single, bachelor
likombo [lee-koh-mboh] **n.** broom
lilala [lee-la'-la] **n.** orange
liloba [lee-loh-ba] **n.** word
liloki [lee-lo-kee] **n.** magic
limbila [lee-mbee'-la] **n.** palm tree
limfelo [lee'-feh-loh) **n.** (rel.) hell
lindanda [lee-nda'-nda] **n.** guitar, accordion
linga [lee-nga] **v.** like, love, want: **nalingi nzoi** [na-lee-ngee n-zo'-ee] I like honey; **nalingi yo** [yo'] I love you; **kolingana** [koh-lee-nga-na] **v.** love each other
lingalo/lingato [lee-nga-toh] **n.** crab
lingenda [lee-nge-nda] **n.** stick
lingisa [lee-ngee-sa] **v.** allow
lingisi [lee-ngee-see] **n.** interpreter
lininisa [lee-nee-nee-sa] **n.** window
lino, (pl.) **mino** [lee'-noh] **n.** tooth; **mpasi ya lino** [mpa'-see ya] **n.** toothache
lipa [lee-pa] **n.** bread
lipapa, (pl.) **mapapa** [lee-pa'-pa] **n.** sandal
lipasa, (pl.) **mapasa** [lee-pa'-sa] **adj.** (bandeko, mbeto) twin
lipaya [lee-pa-ya] **n.** visit, stay
lipela [lee-peh'-la] **n.** guava
liputa [lee-poo-ta] **n.** cloth
lisala [lee-sa'-la'] **n.** field, vegetable garden
lisanga [lee-sa-nga] **n.** meeting, community
lisano [lee-sa-noh] **n.** entertainment, game
lisanola [lee-sa-noh-la] **n.** comb
lisasi [lee-sa'-see] **n.** cartridge
liseke [lee-se-ke] **n.** horn (of animal)
liso, (pl.) **miso** [lee-soh] **n.** eye
lisoko, (pl.) **masoko** [lee-so'-ko] **n.** (nzoto) bottom, buttock, (pl.) buttocks
lisusu [lee-soo'-soo] **adv.** again, more: **lisusu te** [te'] no more
liteya [lee-teh'-ya] **n.** lesson
lititi [lee-tee'-tee] **n.** grass, herb
litoi, (pl.) **matoi** [lee-to'-ee] **n.** ear; **mpasi ya litoi** [mpa'-see ya] **n.** earache
litoko [lee-to-ko] **n.** mat
litumu [lee-too-moo] **n.** corner
litungulu [lee-too-ngoo'-loo] **n.** onion
liwa [lee-wa'] **n.** death
liya [lee-ya] tala **lia**
liyebu [lee-yeh'-boo'] **n.** mushroom

liziba [lee-zee-ba] **n.** spring (water)
loba [loh-ba] **v.** speak, say, talk: **nalobi** [na-loh-bee]
  I say; **azali koloba** [a-za-lee koh-loh-ha] he is talking
  nalobaka lingala [na-loh-ba-ka] I speak Lingala
loba lisusu [lee-soo'-soo] **v.** repeat
lobanga [loh-ba'-nga'] **n.** chin
lobeki [loh-be'-kee] **n.** pot
lobi [loh'-bee] **adv.** tomorrow, yesterday
lobo [lo'-bo] **v.** fish
loboko, (pl.) **maboko** [loh-bo'-koh] **n.** hand
loboko ya/la mwasi [ya/la mwa'-see] **adj.** left hand
loboko ya/la mobali [ya/la moh-ba'-lee] **adj.** right hand
lokasa, (pl.) **nkasa** [loh-ka'-sa'] **n.** leaf, (pl.) leaves
loko [loh-koh'] **adj.** deaf
lokola [loh-koh'-la] **adv./conj.** as; **adj./adv./conj.** like
lokolo, (pl.) **makolo** [loh-koh-loh] **n.** (nzoto) foot, leg, (pl.)
  feet, legs
lokota [loh-ko'-ta] **n.** language, dialect
lokoto [loh-koh'-toh'] **v.** collect
lokuta [loh-koo-ta'] **1. n.** lie, untruth **2. v.** **kobuka lokuta**
  [koh-boo-ka] lie
lolaka, (pl.) **ndaka** [loh-la-ka] **n.** voice
lolemu [loh-leh-moo] **n.** tongue
lolendo [loh-le'-ndo'] **adj.** proud
lolenge [loh-le'-nge'] **n.** type, kind, sort, shape
lomande [loh-ma'-nde] **n.** fine (money)
lomingo [loh-mee-ngoh] **n.** Sunday
lompete [loh-mpe'-te'] **n.** ring
longa [loh'-nga] **v.** win, be right
longana [loh'-ga-na] **v.** marry
longembu [loh-nge-mboo] **n.** umbrella
longobana [loh-ngoh-ba-na] **v.** adjust, suit, correct
longola [loh-ngoh-la] **v.** remove, subtract
lopango, (pl.) **mapango** [loh-pa'-ngoh] **n.** plot, enclosure, fence
lopitalo [loh-pee-ta'-loh] **n.** hospital
loposo [loh-poh-soh] **n.** skin
losako [loh-sa'-koh] **n.** greeting
losambo [loh-sa'-mboh] **n.** prayer
loso [loh'-soh'] **n.** rice
loteme [loh-te'-me] **n.** station
loyembo [loh-yeh'-mboh] **n.** song
luka [loo-ka] **v.** search for, look for
lula [loo'-la] **v.** envy, desire
lutu [loo-too] **n.** spoon

M

ma [ma'] **int.** take

ma [ma] **v.** throw (to)
mabe [ma-beh'] tala **-be**
mabele [ma-beh-leh'] **n.** earth, land, ground, floor
mabele [ma-be'-le] **n.** (miliki) milk; (nzoto) (pl.) breasts;
(nsonge ya mabele) nipple
maboma [ma-bo-ma] **n.** factory
madesu [ma-deh' soo] n. beans
madamu [ma da moo] **n.** madam
mafuta [ma-foo'-ta] **n.** oil
magazini [ma-ga-zee-nee] **n.** store, shop
mai [ma'-ee] **n.** water
mai makangani [ma-ka-nga'-nee] **n.** ice, snow
makako [ma-ka'-koh] **n.** monkey
makala [ma-ka'-la] **n.** charcoal
makango [ma-ka'-ngoh] **n.** concubine
makasi [ma-ka'-see] **1. adv.** tala **-kasi 2. n.** scissors
makayabo [ma-ka-ya'-boh] **n.** salted fish
makelele [ma-ke-le'-le] **n.** noise
makemba [ma-ke-mba] **n.** (pl.) plantains; **likemba n.** plantain
makila [ma-kee-la'] **n.** blood; **likila n.** a drop of blood
makuta [ma-koo'-ta] **n.** currency
maladi/malali [ma-la'-dee] **n.** disease, illness
malamu [ma-la'-moo] tala **-lamu**
malasi [ma-la'-see] **n.** perfume
malato [ma-la-toh'] **n.** hammer
malembe [ma-le'-mbe] **adv.** slowly
malita [ma-lee-ta] **n.** cemetery
malonga [ma-loh-nga'] **n.** satisfaction, contentment
mama [ma-ma'] **n.** mother, mommy
mama moke [moh-ke'] **n.** aunt
mambi ma Nzambe [ma-mbee' ma n-za'-mbeh] **n.** religion
manaka [ma-na'-ka] **n.** calendar
manga/mange [ma'-nga'] **n.** mango
manteka [ma-nte'-ka] **n.** butter
mapasa [ma-pa'-sa] tala **lipasa**
masanga [ma-sa-nga] **n.** drink, wine, beer
masanga ma mbila [m-bee-la] **n.** palm wine
masanga ma moto [mo'-to] **n.** alcohol
masapo/masuba [ma-sa-po] **n.** urine
masini [ma-see-nee] **n.** machine
masoko [ma-so'-ko] tala **lisoko**
masuwa [ma-soo'-wa] **n.** boat, ship
mata [ma-ta'] **v.** climb, go up; **matisa valizi** [ma-tee-sa'
va-lee'-zee] send the suitcase up
matabisi [ma-ta-bee-see] **n.** tip, gratuity
matanga [ma-ta'-nga] **n.** mourning
matata [ma-ta'-ta] **n.** difficulty
matope [ma-to'-pe] **n.** rubber
matungana [ma-too-nga-na] **n.** (med.) boil
mawa [ma-wa] **n.** pity; **adj.** sad, sorry: **nazali koyoka mawa**
[na-za-lee koh-yoh'-ka] I am sad

mayele [ma-ye'-le] **n.** mind, trick, reason; **adj.** clever, smart, mischievous
mbala [m-ba-la] **n.** time (occasion)
mbala na mbala adv. sometimes
mbala mibale [mee'-ba-leh'] **adv.** twice
mbala moko [mo'-ko'] **adv.** once
mbala mingi [mee'-ngee] **adv.** often, frequently
mbala [m-ba'-la'] **n.** potato, sweet potato
mbalasani [m-ba-la-sa'-nee] **n.** veranda
mbango [m-ba'-ngoh] **adv.** quickly; **na mbango te** [na te'] **adj.** slow
mbanzi [m-ba-nzee] **n.** bamboo
mbe [mbe] **n.** flower
mbele [m-be-le] **adv.** almost, perhaps
mbele [m-be'-le'] **n.** pottery
mbeli [m-be-lee] **n.** knife
mbembele [m-be'-mbe'-le'] **n.** mosquito
mbeto [m-beh'-toh] **n.** bed
mbisi [m-bee'-see] **n.** fish
mboka [m-boh'-ka] **n.** village
mboka enene [eh-ne'-ne] **n.** town
mboloko [m-boh'-loh'-koh'] **n.** antelope, gazelle
mbongo [m-bo'-ngo] **n.** money
mbote [m-bo'-te'] **int./n.** good morning/afternoon: **pesela ngai X mbote** [pe'-seh'-la' n-ga'-ee'] give my regards/greetings to X
mboto [m-boh'-toh] **n.** corn, maize
mbu [m-boo'] **n.** sea
mbula [m-boo'-la] **n.** year, rain: **ozali na mbula boni?** [oh-za-lee na boh'-nee] how old are you? **nazali na mbula zomi** [na-za-lee na zoh'-mee] I am ten years old
mbuli [m-boo-lee] **n.** antelope
mbuma [m-boo-ma] **n.** fruit
mbwa [m-bwa'] **n.** dog
mbwa ya zamba [ya za'-mba] **n.** wild dog
mbwaku [m-bwa-koo] **n.** valley
mbwi [m-bwee'] **adj.** gray
-mei [meh'-ee] **adj.** same; **ngaimei** [n-ga'-ee'] **pron.** myself
meka [meh-ka] **v.** measure, try, taste
mela/mele [me-le] **v.** drink: **omele te** [oh'-me-le te'] do not drink
melesi [me-le-see] **int./n.** thanks, thank you
meme [me-me] **v.** carry, transport
memela [me-me-la] **v.** bring
mesa, (pl.) **bamesa** [meh'-sa] **n.** table
meta [meh-ta] **n.** waterfall
mibale [mee'-ba-leh'] **adj./n.** two
mikili [mee-kee-lee] **n.** climate
miko [mee-ko] **n.** mistake
mikolo nyonso [mee-ko-lo nyo'-nso] **adj.** everyday
mikolo minso [mee-nso] **adv.** always

miliki [mee'-lee-kee] **n.** milk
mima [mee-ma] **v.** repent, regret
minei [mee'-neh-ee] **adj./n.** four
minggai [mee-nga-ee] **n.** rheumatism
mingi [mee-ngee] **adj./n./adv.** many, plenty (of), too/very much
minya [mee-nya] **n.** urine
misa [mee'-sa] **n.** (rel.) mass
misatu [mee'-sa'-toh] **adj./n.** three
mitako [mee-ta-koh] **n.** copper
mitano [mee'-ta'-noh] **adj./n.** five
miziki [mee-zee-kee] **n.** music
mobali, (pl.) **ba/mibali** [moh-ba'-lee] **n.** male, husband, mister
  -a mobali adj. right (side etc.)
mobeko [moh-beh'-koh] **n.** law, regulation
mobela [moh-be'-la] **n.** marsh (land)
mobembo [moh-beh'-mboh] **n.** travel, journey, trip
mobesu [moh-beh'-soo] tala **-besu**
mobimba [moh-bee-mba] **adj.** all, total, whole, everything
mobobe [moh-boh-beh'] **adj.** cheap
mobola [moh-boh'-la] **adj.** poor
mobomi-mbisi [moh-boh-mee m-bee'-see] **n.** fisherman
mobotisi [moh-boh'-tee-see] **n.** midwife
mobu [moh-boo'] **n.** year: **mobu ekoya** [eh-koh-ya-a] next
  year; **mobu eleki** [eh-leh-kee] last year
mobulu [moh-boo'-loo] **adj.** turbulent, disorder
mofali [moh-fa-lee'] **n.** road, street
moi [moh'-ee] **n.** sun
moindo [moh-ee'-ndoh] **adj.** black
mokama [moh-ka'-ma'] tala **nkama**
mokanda [moh-ka-nda'] **n.** paper, letter
mokangi [moh-ka'-ngee] **n.** fly
mokati-nsuki [moh-ka'-tee nsoo-kee] **n.** barber
mokbya mwasi [moh-kbya mwa'-see] **n.** widow
mokbya mobali [moh-ba'-lee] **n.** widower
moke [moh-ke'] tala **-ke**
mokengeli [moh-ke'-nge-lee] **n.** watchman
mokili [moh-kee-lee] **n.** world
mokimeli [moh-kee-me-lee] **n.** refugee
moko [mo'-ko'] **adj./pron.** one
moko te [te'] **n./pron.** none, not any
mokobo [moh-ko'-bo] **n.** paint
mokoko [moh-ko-ko'] **n.** sugar cane
mokolo [moh-koh'-loh'] **n.** history, owner
mokolo [moh-ko-lo] **n.** day
mokolo ya liboso [ya lee-boh-soh'] **n.** Monday
mokolo ya mibale [ya mee-ba-leh'] **n.** Tuesday
mokolo ya misato [ya mee-sa'-toh] **n.** Wednesday
mokolo ya minei [ya mee-neh-ee] **n.** Thursday
mokolo ya mitano [ya mee-ta'-noh] **n.** Friday
mokolo moko te [mo'-ko' te'] **adv.** never
mokoloto [moh-koh-loh-toh] **n.** line

mokondo/mokila [moh-koh-ndoh'/moh-kee-la] **n.** tail
mokongo [moh-ko-ngo] **n.** (nzoto) back (of body)
mokoni [moh-ko-nee] **n.** sick person, patient
mokonzi, (pl.) **ba/mikonzi** [moh-koh-nzee] **n.** chief
mokosa [moh-ko-sa] **n.** (na nzoto) itch
mokristo [moh-kree-stoh] **n.** Christian
mokulu [mon-koo-loo] **n.** string, rope
mokuwa [moh-koo'-wa] **n.** bone
molai [moh-la-ee'] tala **-lai**
molakisi [moh-la-kee-see] **n.** teacher, instructor
molako [moh-la'-ko] **n.** camp, camping
molangi, (pl.) **milangi** [moh-la-ngee] **n.** bottle
molato [moh-la'-to] **n.** suit, costume, outfit, evening dress;
  (pl.) clothes
mole [moh-leh] **n.** meal
molimo [moh-lee'-moh] **n.** soul
molinga [moh-lee-nga] **n.** smoke
mololanda]moh-lo-la-nda] **adj.** (med.) blind
mololo [moh-loh'-loh'] **n.** road, street
moluka [moh-loo'-ka'] **n.** brook, stream
molunge [moh-loo-nge'] **adj.** heat, hot
molunge mabe [moh-loo-nge' ma-beh'] **n.** fever
mombemba [moh-mbeh-mba] **n.** frog
mombongo [moh-mbo'-ngo] **n.** business, commerce
momekano [moh-meh-ka-noh] **n.** competitive examination, competition
momeseno [moh-meh-seh-noh] **n.** custom, habit
mompanga [moh-mpa-nga] **n.** cutlass, big knife
mona [mo'-na] **v.** tala **-mono**
monama [moh-na-ma] **n.** rainbow
monana [moh-na-na'] **n.** salt
mondele [moh-nde'-le'] **n.** white (person), caucasian
mondenge [moh-nde'-nge'] **n.** bet
monene [moh-ne'-ne] tala **-nene**
mongala [moh-nga'-la'] **n.** river
monganga, (pl.) **(ba)minganga** [moh'-nga-nga] **n.** doctor, physician
mongwa [moh'-ngwa] **n.** salt
mongongo [moh-ngoh'-ngoh'] **n.** throat
monguna, (pl) **ba/minguna** [moh-ngoo'-na'] **n.** enemy
moninga [moh-nee-nga'] **n.** friend, cousin
monisa [mo'-nee-sa] **v.** show: **monisa ngai...** [n-ga'-ee']
  show me...
monkalali [moh-nka-la-lee] **n.** lightning
monkongi [moh-nkoh-ngee] **n.** mosquito
monkusu [moh-nkoo'-soo'] **n.** worm
monkwa [moh-nkwa] **n.** bone
mono/mona [mo'-no] **v.** see: **namoni** [na-mo'-nee] I see;
  monono [koh-mo'-no-no] **v.** see each other
mono [moh-noh'] **n.** (nkisi) medicine, drug
monoko [moh-no-ko] **n.** language, mouth
monoko ya ndako [ya n-da'-koh] **n.** door
monsai [moh-nsa-ee] **n.** toe, finger

monsanya [moh-sa'-nya'] **n.** shrimp
monyele [moh-nyeh-leh] **adj.** east
monzomba [moh-zoh-mba] **n.** mustache
monzoto, (pl.) **minzoto** [moh-nzo'-to] **n.** star
monzube [moh-zoo'-beh'] **n.** sting (of insect)
mopanzi [moh-pa-nzee] **n.** (ngunda) coast
mopaya [moh-pa-ya] **n.** stranger, visitor
mopepe [moh pe pe] **n.** wind
mopepe [moh-pe'-pe'] **n.** pipe
mopoto [moh-poh-toh'] **n.** pygmy
mopotu (moh-poh-too'] **adj.** (mbeli) sharp (knife)
mosala, (pl.) **misala** [moh-sa'-la] **n.** work
mosaleli mwasi [moh-sa'-leh-lee mwa'-see] **n.** maid
mosanda [moh-sa'-nda'] tala -**sanda**
Mosantu [moh-sa'-ntoo] **n.** (rel.) Saint: **Mosantu Thomas**
  Saint (St.) Thomas
mosapi [moh-sa-pee] **n.** finger, toe
mosika [moh-see'-ka'] **adj.** far
mosikitele [moh-see-kee-te'-le'] **n.** mosquito net
mosiyo [moh-see-yo] **n.** file (tool)
mosolo [moh-so-lo] **n.** money, dowry, fortune, salary
mosolo mwana [mwa'-na] **n.** interest (money)
mosombi [moh-soh-mbee] **n.** buyer
mosoni-bilamba [moh-so-nee bee-la-mba'] **n.** tailor, dressmaker
mosopo [moh-soh-poh'] **n.** intestine
mosumane [moh-soo-ma-neh] **n.** saw (tool)
motambwisi-motuka [moh-ta'-mbwee-see moh'-too-ka] **n.** driver
motane [moh-ta'-neh'] **adj.** (langi) bright, light(-colored)
motango [moh-ta'-ngoh] **n.** number, figure
motau [moh-ta-oo] tala -**tau**
moteki [moh-te'-kee] **n.** vendor, salesman
moteki-nyama [moh-te'-kee nya-ma] **n.** butcher
motele [moh-te'-le] **n.** motor, engine
motema [moh-teh'-ma] **n.** heart, feelings
motende [moh-te-ndeh] **n.** (nzete) carving (wood)
motinda [moh-tee-nda] **n.** April
moto [mo'-to] **n.** fire, hot
moto/motu [moh-toh'] **n.** (nzoto) head
  mpasi ya moto [mpa'-see ya] **n.** headache
moto/motu, (pl.) **bato/batu** [moh-toh] **n.** man, person, (pl.)
  men, people, persons
moto na moto [moh-toh] **pron.** everybody, everyone
moto moko [mo'-ko'] **pron.** somebody, someone
moto moko te [te'] **pron.** nobody
moto wa bilenga [wa bee-le-nga] **n.** farmer
motomba [moh-toh'-mba'] **n.** rat
motondo [moh-to'-ndo] **n.** roof
motoba [moh-toh'-ba'] **adj./n.** six
motongi-ndako [moh-toh'-ngee n-da'koh] **n.** mason, builder
motope [moh-toh'-peh] **n.** rubber
motuka [moh'-too-ka] **n.** car, automobile

motutano [moh-too-ta-noh] **n.** shock
motuya [moh-too'-ya] **n.** price, value
  ya motuya [ya m.] **adj.** expensive, dear
moyangeli [moh-ya'-ngeh-lee] **n.** manager
moyekoli [moh-yeh'-koh-lee] **n.** pupil, student
moyembi [moh-yeh'-mbee] **n.** singer
mojbi [moh-yee'-bee] **n.** chief
moyindo [moh-yee'-ndoh] **adj.** black
mozaka [moh-za-ka] **n.** pot
mpamba [mpa'-mba] **1. adj.** empty, free **2. pron.** nothing
  3. n. nil
mpasi/pasi [mpa'-see] **n.** difficulty, pain, suffering
mpata [mpa-ta'] **n.** sheep; **mwa mpata** [mwa-a] **n.** lamb
  nyama ya mpata [nya-ma ya] mutton
mpau [mpa'-oo] **n.** shovel, spade
mpe [mpeh] **1. adv.** also **2. prep.** with **3. conj.** and
mpepo/pepo [mpeh'-poh] **n.** airplane
mpema [mpeh'-ma] **n.** air
mpembe/pembe [mpe'-mbe'] **1. adj.** white **2. n.** ivory, chalk
mpembeni/pembeni [mpe-mbe'-nee] **1. adv.** near, nearby, close
  by **2. prep./adv.** against: **pembeni ya zando** [ya za'-ndoh]
  near the market
mpenza/penza [mpeh-nza'] **1. adj.** true, alone **2. adv.** truly,
  only **3. adj./adv.** exact(ly), especial(ly)
mpete [mpe'-te] **n.** ring
mpete ya matoi [ya ma-to'-ee] **n.** (pl.) earrings
mpio [mpee-oh] **adj.** cold
mpio makasi [ma-ka'-see] **adj.** colder
mpo [mpoh] **1. conj.** because (**na** of) **2. n.** matter, word,
  event, thing
mpo (na) nini [nee'-nee] **adv.** why
mpoko [mpoh'-ko] **n.** mouse
mpokwa [mpoh'-kwa] **n.** afternoon, evening
mpondu [mpo'-ndoo'] **n.** (bile) cassava leaves (dish)
mpongi [mpo-ngee] **n.** sleep: **nazali koyoka mpongi** [na-za-lee
  koh-yoh'-ka] I am sleepy
mposa [mpoh'-sa'] **n.** thirst (**ya** for): **nazali na mposa**
  [na-za-lee na] I am thirsty
mposo/poso [mpo'-so] **n.** Saturday, week; **mposo eleki**
  [eh-leh-kee -kee] last week; **mposo ekoya** [eh-koh-ya'] next
  week
mpota [mpoh'-ta'] **n.** (med.) wound, cut
mpunda [mpoo'-nda] **n.** donkey, horse
mputulu/putulu [mpoo-too-loo'] **n.** dust, powder, ashes
mwa [mwa-a] **adv.** not much, little; **mwa esengo** [eh-se-ngo]
  a little happy
mwambe [mwa-mbeh] **adj./n.** eight
mwana, (pl.) bana [mwa'-na] **n.** baby, child, (pl.) children
mwana mobali [moh-ba'-lee] **n.** boy; (eboto) son
mwana mwasi [mwa'-see] **n.** girl; (eboto) daughter
mwasi, (pl.) basi [mwa'-see] **n.** female, woman, (pl.) women;

mwasi wa libala [wa lee-ba'-la] **n.** spouse, wife
  -a mwasi adj. left (side etc.)
mwete, (pl.) miete [mweh-teh'] **n.** tree, wood
mwinda, (pl.) minda [mwee'-nda] **n.** lamp, light

N

na- [na] **pron.** I: **nazali** [na-za-lee] I am
na [na] **1. conj.** and **2. prep.** at, by, in, on, to, across, with
naino [na-ee-noh] **1. adj.** a little **2. adv.** first, still,
  already; **naino te** [te'] not yet
nani [na'-nee] **pron.** who, whom, which: **nani wana?** [wa-a-na']
  who is there? **namoni nani?** [na-mo'-nee] whom do I see?
ndako [n-da'-koh] **n.** house, home, building
ndako ya bakonzi [ya ba-koh'-nzee] **n.** palace
ndambo [n-da'-mboh] **n.** half, part, bit
ndanga [n-da-nga] **n.** pledge, pawn, security
nde [n-deh] **pron.** what
nde [n-deh'] **1. conj.** but, therefore **2. adv.** only
ndefu [n-deh'-foo] **n.** beard
ndeke [n-de-ke] **n.** bird
ndeko [n-deh-koh] **n.** brother, sister, friend, cousin
ndele [n-deh-leh] **n.** palm leaf
ndelo [n-deh-loh] **n.** border, limit
ndembo [n-deh-mboh'] **n.** ball, balloon, rubber
ndenge [n-de'-nge'] **n.** sort, way, manner
ndima [n-dee-ma] **v.** agree, accept, approve: **nandimi**
  [na-ndee-mee] I agree
ndimo [n-dee-moh] **n.** orange
ndoto [n-do'-to] **n.** dream
ndulu [n-doo'-loo] **n.** ceremony
ndunda [n-doo'-nda] **n.** (pl.) vegetables
-nene, monene [moh-ne'-ne] **adj.** big, fat, important, large
  eleki monene [eh-leh-kee] **adj.** bigger
ngai [n-ga'-ee] **pron.** me; **na ngai** [na] **adj.** my: **tata na**
  ngai [ta-ta'] my father; **pron.** mine: **mokanda na ngai**
  [moh-ka-nda'] the letter is mine
ngai moko [mo'-ko'] **pron.** myself, alone: **nazali ngai moko**
  [na-za-lee mo'-ko'] I am alone
ngala [n-ga-la] **n.** tower
nganda [n-ga-nda] **n.** camp, camping
nganga-nkisi [n-ga-nga nkee'-see] **n.** fetish priest
nganga-Nzambe [n-ga-nga n-za'-mbeh] **n.** priest, father, minister
ngenge [nge-nge] **n.** poison
ngola [n-goh'-la] **adj.** red
ngomba [n-goh'-mba'] **n.** hill, mountain
ngomba-moto [n-goh'-mba' mo'-to] **n.** volcano
ngombe [n-go'-mbeh] **n.** cow; **nyama ya ngombe** [nya-ma ya] **n.**
  beef

ngombi [n-goh'-mbee] **n.** concert, ballet
ngonga [n-goh-nga] **n.** bell, clock, hour
nguba [n-goo-ba] **n.** (pl.) groundnuts, peanuts
ngulu [n-goo'-loo] **n.** pig; **nyama ya ngulu** [nya-ma ya] **n.** pork
nguma [n-goo-ma] **n.** boa, python
ngungutu [n-goo-ngoo-too] **n.** aubergine, eggplant, garden egg
ningana [nee-nga-na] **v.** move: **koningana te** [koh-nee-ga-na te'] do not move
nini [nee'-nee] **pron.** what, which: **ozali kosala nini?** [oh-za-lee koh-sa'-la] what are you doing?
nkalanga [nka-la-nga] **n.** (pl.) groundnuts, peanuts
nkama [n-ka'-ma'] **adj./n.** (one) hundred
nkanda [nka'-nda'] **n.** anger: **nazali na nkanda mpo na X** [na-za-lee na nmpoh na] I am angry with X
nkanya [nka-nya] **n.** fork
nkinga [nkee-nga] **n.** bicycle
nkingo [nkee-ngoh'] **n.** neck
nkisi [nkee'-see] **n.** medicine
nkoba [nko'-ba'] **n.** tortoise
nkoi [nko-ee] **n.** leopard
nkoko [nko-ko] **n.** grandparent
nkoko [nko-ko'] **n.** sugar cane
nkoko [nko'-ko] **n.** (rel.) marabout
nkolo [nkoh'-loh'] **n.** owner
nkombo [nkoh'-mboh'] **n.** name: **nkombo na yo nani?** [na yo' na'-nee] what is your name? **nkombo na ngai Mpisa** [na n-ga'-ee'] my name is Mpisa
nkondoko [nko'-ndo-ko] **n.** cat
nkondoko ya zamba [ya za'-mba] **n.** wild cat
nkongo [nko'-ngo] **n.** hoe
nkoni [nko'-nee] **n.** firewood
nkosi [nko'-see] **n.** lion
nkoso [nko-so'] **n.** parrot
nkoto [nkoh'-toh'] **n.** (one) thousand
nkulutu/nkoloto [nkoo-loo'-too] **adj.** elder
nkunde [nkoo-nde] **n.** (pl.) beans
nkungi [nkoo-ngee] **n.** mosquito
no/noko [no'-ko] **v.** rain
noki [no-kee'] **1. adj.** quick **2. adv.** soon, immediately, early
nokinoki [no-kee'-no-kee'] **adv.** quickly, often
noko [no'-ko'] **n.** uncle
nordi [nor-dee] **adj.** north
nsai [nsa'-ee] **n.** joy, pleasure, delight: **nazali koyoka nsai** [na-za-lee koh-yoh'-ka] I am pleased
nsamba [nsa'-mba'] **n.** palm wine
nsambo [nsa-mboh] **adj./n.** seven
nsango [nsa-ngoh] **n.** news
nse [nseh] **1. adj.** low **2. n.** ground, earth, floor; **na nse** [na] **1. adv.** down **2. prep.** below, under
nsele [nseh-leh] **n.** port, harbor

nsima/sima [nsee-ma] **1. adv./prep.** after, behind **2. n.** back, behind **3. adj.** ya nsima [ya] last
nsimbiliki [nsee-mbee-lee-kee] **n.** rabbit
nsinga/singa, (pl.) **bansinga** [nsee-nga] **n.** string, thread
-nso, nyo(n)so, yo(n)so [nyo'-nso] **adj.** all, every, entire
nsolo [nso-lo] **n.** smell, odor
nsomi [nso'-mee] **adj.** free
nsomo [nso'-mo] **n.** fear, fright, terrifying
nsongo [nso-ngo'] **n.** cassava
nsoni/soni [nso'-nee] **n.** shame: **nazali koyoka soni** [na-za-lee koh-yoh'-ka] I am ashamed
nsoso [nsoh'-soh'] **n.** chicken, cock, hen
nsuki/nswei [nsoo-kee, nsweh'-ee] **n.** hair
ntaba/taba [nta-ba] **n.** goat
ntaka [nta'-ka'] **n.** distance
ntako [nta'-ko] **n.** tax
ntalo/talo [nta'-loh] **n.** price, value
ntalo mingi [mee'-ngee] **adj.** expensive, dear
ntango [nta'-ngoh] **1. n.** time, hour, moment **2. adv.** when
ntei [nteh'-ee] **1. n.** half, middle **2. adv.** o ntei [oh] inside
ntela [nteh-la] **n.** banana
ntembe [nte-mbe] **1. n.** doubt **2. v.** kobete ntembe [koh-be'-te] doubt
ntingo [ntee-ngoh] **n.** fast: **nazali kokila ntingo** [na-za-lee koh-kee-la] I am fasting
ntina [ntee-na] **n.** reason, meaning, cause, root, significance
ntolo [nto'-lo] **n.** (nzoto) chest
ntonga [nto-nga] **n.** needle
ntongo/tongo [nto'-ngo'] **n.** morning
ntongo nyonso [nyo'-nso] **adj.** everyday
nunga [noo'-nga] **v.** suck
nyama [nya-ma] **n.** meat, animal
nye [nye] **adj.** quiet
nyei [nye-ee] **n.** (med.) stools, excrement
nyoka [nyoh'-ka] **n.** snake
nyonso [nyo'-nso] tala **-nso**
nzala [n-za-la] **n.** hunger: **nazali na nzala** [na-za-lee na] I am hungry
nzale [n-za'-leh] **n.** buffalo
Nzambe [n-za'-mbeh] **n.** God
nzela [n-zeh-la'] **n.** path, route, way
nzela ya makolo [ya ma-ko-lo] **n.** footpath
nzembo [n-ze'-mboh] **n.** singing
nzeneneke [n-ze'-ne'-ne'-ke'] **n.** witness
nzete [n-zeh-teh'] **n.** tree, wood
nzila [n-zee-la'] tala **nzela**
nzoi [n-zo'-ee] **n.** honey
nzoku [n-zo-koo] **n.** elephant
nzongolongo [n-zoh'-ngoh'-loh'-ngoh'] **n.** (nzoto) nail
nzoto [n-zoh'-toh] **n.** body
nzoto [n-zo'-to] **n.** star

O

o- [oh] **pron.** you: **ozali** [oh-za-lee] you are
o [oh] **prep.** at, by, in, on, to
okotobele [oh-ko-to-be-le] **n.** October
o ntaka [oh nta-ka] **prep.** between
oyo [oh'-yoh] **adj.** this. **mbula oyo** [m-boo'-la] this year

P

palado [pa-la-do'] **1. n.** excuse, pardon **2. adv.** please
  3. int. pardon me, excuse me, sorry
pangusa [pa-ngoo-sa] **v.** wipe, erase
papa [pa'-pa'] **n.** (rel.) pope
pasi [pa'-see] tala **mpasi**
Pasika [pa'-see-ka] **n.** Easter
paswana [pas-wa-na] **v.** break, tear (up)
patalo [pa-ta-lo] **n.** trousers
pekisa [peh-kee-sa] **v.** forbid, prevent, prohibit
pelisa [peh-lee-sa] **v.** light (candle), switch on (radio)
pema [peh'-ma] **v.** rest
pembe [pe'-mbe'] tala **mpembe**
pembeni [pe-mbe'-nee] tala **mpembeni**
penepene/pene [pe-ne-pe-ne] **1. adv.** near **2. prep.** close,
  next (**ya** to)
pengele [pe'-nge-le] **n.** pin
penza [peh-nza'] tala **mpenza**
pepo [peh'-poh] tala **mpepo**
pesa [pe'-sa] **v.** give: **pesa ngai...** [n-ga'-ee'] give me...
  apesi [a-pe'-see] he has given
pesele [pe-se'-le] **n.** fisherman
petepete [pe-te-pe-te] **adj.** soft, weak
petwa [pe'-twa] **v.** clean
pilipili [pee-lee-pee-lee] **n.** pepper
pima [pee-ma] **v.** measure
pima [pee'-ma] **v.** refuse
pimbwela [pee-mbweh-la] **n.** insect
pimbwa [pee-mbwa] **v.** fly, jump
pine [pee-neh'] **n.** (motuka) tire
pitolo [pee-to-lo'] **n.** kerosene
pola [po-la] **v.** rot: **mbuma epoli** [m-boo-ma eh-po-lee] rotten
  fruit
polele [poh-leh'-leh'] **adj.** clear, distinct
polisa [po-lee-sa] **v.** wet
polte [po'l-te] **n.** door
pona [poh-na] **prep.** for
pono [po-no] **v.** choose, prefer
poso [po'-so] tala **mposo**
pota [poh'-ta'] **v.** run

potopoto [po-to-po-to] **1. n.** mud **2. adj.** muddy
pulupulu ya makila [poo-loo-poo-loo ya ma-kee-la] **n.** dysentery
pulusi [poo-loo'-see] **n.** police
putulu [poo-too-loo'] tala **mputulu**
pwepwa [pwe'-pwa] **v.** kiss

S

sa [sa-a] **n.** watch
saboni [sa-bo'-nee] **n.** soap
sabala [sa-ba-la] **n.** Saturday
sakana [sa-ka-na] **v.** joke, play
saki [sa'-kee] **n.** bag
sakola [sa-ko-la] **v.** declare
sala [sa'-la] **v.** work, do, make
salela [sa'-leh-la] **v.** work for, serve
salisa [sa'-lee-sa] **v.** help: **salisa ngai** [n-ga'-ee'] help
  me
samaki [sa-ma-kee] **n.** fish
sambela [sa'-mbe-la] **v.** (rel.) pray
sambo [sa-mboh] **adj./n.** seven
sana [sa-na] **v.** play
-sanda, mosanda [moh-sa'-nda'] **adj.** high, long
sanduku [sa-ndoo-koo] **n.** box trunk
sango [sa'-ngoh'] **n.** (rel.) priest, father, minister
sango [sa-nogh] **n.** news
sani, (pl.) basani [sa'-nee] **n.** plate
sanola [sa-no-la] **v.** comb (hair)
sanza [sa'-nza] **n.** month, moon
sapato [sa-pa'-to] **n.** slippers
sapele [sa-pe-le'] **n.** rosary
sasapi [sa'-sa'-pee'] **adv.** now, immediately, right now
se [seh'] **adj.** same; **adv.** only, still: **azali se kobela**
  [a-za-lee koh-be'-la] he is still ill
sefu [seh-foo] **n.** chief
sei [seh-ee] **adj.** comfortable
seke [se-ke] **v.** laugh, make fun of
sekulo [se'-koo-lo] **n.** century
semba [se'-mba] **adj.** direct, straight
sembo [se'-mboh] **adj.** correct, right
semeki [se-me'-kee] **n.** brother/sister-in-law
semisi [se-mee'-see] **n.** shirt
senga/senge [se'-nga] **v.** ask, demand
sengele na [se'-nge'-leh] **v.** must, have to, obliged
sepela [seh-peh-la] **v.** pleased, delighted
septembere [sep-te-mbe-re] **n.** September
sesa [se-sa] **v.** cut
sesa [seh-sa] **v.** separate, break up
sika [see-ka] **adj.** new, recent: **ndako ya sika** [n-da'-koh ya

see-ka] new house
sikasika [see-ka-see-ka] tala **sikawa**
sikawa [see-ka'-wa] **adv.** now, at once, right now
sikoyo [see-koh'-yoh] **adv.** now, at present
silisa [see-lee-sa] **v.** finish: **esilisi** [eh-see-lee-see] it
  is finished
sima [see'-ma] **v.** thank, appreciate
sima [see-ma] tala **nsima**
simba [see-mba] **v.** touch, hold
sinema [see-neh-ma'] **n.** movies
singa [see-nga] tala **nsinga**
sinzili [see-nzee-lee] **n.** watchman
soda [so-da'] **n.** soldier
sofele [soh-feh'-leh] **n.** driver
soka [soh'-ka'] **n.** axe
soki [so'-kee] **conj./adv.** if, maybe, about: **soki olingi**
  [oh-lee-ngee'] **adv.** please
solo [so'-lo'] **adj.** true; **adv.** truly
somba [soh'-mba] **v.** buy: **nalingi kosomba...** [na-lee-ngee
  koh-soh'-mba] I would like to buy...; **Afi asombi motuka**
  [a-soh'-mbee moh'-too-ka] Afi has bought a car
sombitinya [soh-mbee-tee-nya] **v.** exchange
soni [so'-nee] tala **nsoni**
sono [so-no] **v.** sew
soseti [soh-se'-tee] **n.** sock
soso [soh'-soh'] tala **nsoso**
sudi [soo-dee] **adj.** south
sukali [soo-ka'-lee] **n.** sugar
sukisa [soo-kee-sa] **v.** finish, complete
sukola [soo-koh-la] **v.** wash
suku [soo-koo] **n.** room
sumuki [soo-moo-kee] **n.** sin
supu [soo-poo] **n.** soup, sauce
-susu, mosusu [moh-soo'-soo] **adj./pron.** other
swa [swa-a] **v.** bite: **mbwa aswei mwana** [m-bwa' a-swee'
  mwa'-na] a dog has bitten the child
swana [swa-na] **v.** quarrel

T

taba [ta-ba] tala **ntaba**
tala [ta'-la] **v.** visit, look at, concern: **nakotala Mado lobi**
  [na-koh-ta'-la loh'-bee] I shall visit Mado tomorrow; **etali**
  yo [eh-ta'-lee yo'] it concerns you
talatala [ta-la-ta-la] **n.** mirror, spectacles
talo [ta'-loh] tala **ntalo**
tambola [ta'-mboh-la] **v.** walk: **natamboli tee na ndako**
  [na-ta'-mboh-lee teh'-eh' na n-da'-koh] I walked to the house
tana [ta'-na] **v.** shine

tanga [ta'-nga] **v.** read, count: **nazali kotanga** [na-za-lee koh-ta'-nga] I am reading
tanga [ta-nga] **v.** disgust
tango [ta'-ngoh] tala **ntango**
tata [ta-ta'] **n.** father, daddy
tata mwasi [mwa'-see] **n.** aunt
tatabana [ta-ta-ba-na] **v.** surprised, disturbed
-tau, motau [moh-ta-oo] **adj.** soft, weak
te [te'] **1. adv.** no, not **2. prep.** without: **nayebi te** [na-yeh'-bee te'] I do not know
te [teh] **conj.** that: **nakanisi te Samba akei** [na-ka-nee-see' teh a-ke'-ee'] I think that Samba has gone
tee [teh'-eh'] **conj./prep.** till, until
teka/teke [ta'-ke] **v.** sell: **oteke...?** [oh-te'-ke] do you sell...?
tekisa [te'-kee-sa] **v.** resell
tela [teh-la] **v.** ripen; **eteli** [eh-teh-lee] **adj.** ripe
telema/teleme [te'-le'-me] **v.** stand (up), rise, stop
televizyo [teh-leh-vee-zyo'] **n.** television
teme [te-me] tala **telema**
teya [teh'-ya] **v.** teach
ti [tee'] **n.** tea
tika [tee'-ka] **v.** abandon, leave, stop: **tika ngai ngai moko** [tee'-ka' n-ga'-ee' mo'-ko'] leave me alone
tikala [tee'-ka'-la] **v.** stay, remain: **nakotikala na mama** [na-koh-tee'-ka-la na ma-ma'] I shall stay with mother
tike [tee-ke'] **n.** ticket
tinda [tee-nda] **v.** send
tindela [tee-ndeh'-la] **v.** send to: **noko atindeli ngai mokanda** [no'-ko' a-tee-ndeh'-lee n-ga'-ee' moh-ka-nda'] uncle has sent me a letter
tindisa [tee-ndee-sa] **v.** push
tiya [tee-ya] **v.** put
to [toh-oh] **conj.** or
to- [toh] **pron.** we: **tozali** [toh-za-lee] we are
toma [toh'-ma] **v.** send
tomati [toh-ma-tee] **n.** tomato
tonda [toh'-nda] **v.** fill (up), be full, have had enough
tondo [to'-ndo] **v.** thank: **natondi yo** [na-to'-ndee yo'] thank you
tonga [toh-nga] **v.** build
tongo [to'-ngo'] tala **ntongo**
tosa [toh'-sa] **v.** obey
tumba [too-mba] **v.** burn
tumbako [too-mba'-koh] **n.** tobacco
tuna [too'-na] **v.** ask, question
tungisa [too-ngee-sa] **v.** annoy, sadden
tuta [too'-ta] **v.** (nguba) pound (peanuts)
twa [twa-a] **v.** spit

U

umela [oo'-meh'-la] **v.** delay, last, be late
uta [oo'-ta] **prep.** from, since
uta [oo'-ta] **v.** come from: **Roger Ngouabi auti Kongo** [a-oo'-tee
  koh-ngoh'] Roger Ngouabi comes from the Congo

V

valizi [va-lee-zee] **n.** suitcase
velo [veh-loh'] **n.** bike, bicycle
vimba [vee-mba] **v.** swell

W

wa [wa-a] **v.** die: **mbwa awei** [m-bwa' a-weh'-ee'] the dog has
  died; **bakowa** [ba-koh-wa-a] they will die
wana [wa'-a-na'] **adv.** there: **nani wana?** [na'-nee] who is
  there?
wapi [wa'-pee] **adv./pron.** where: **kabine ezali wapi?** [ka-bee-neh
  eh-za-lee] where is the toilet?
wela [weh'-la] **v.** rush, speed up, fight over something
wenze [we'-nze] **n.** small market
wolo [woh-loh] **n.** gold

Y

ya [ya'-a] **v.** come, arrive, become: **Mousa ayei** [a-yeh'-ee']
  Mousa has come
yamba [ya-mba] **v.** receive, welcome, believe
yambo [ya-mboh] **adv.** first, before, in front (of): **liteya ya
  yambo** [lee-teh'-ya ya] **adj.** first lesson
yango [ya-ngoh'] **pron.** it, that: **yango oyo** [oh'-yoh] here
  it is; **nateki yango** [na-te'-kee] I have sold it; **yango
  wana** [wa'-a-na'] that is why
yangomei [ya-ngoh'-meh-ee] **pron.** itself
yanola [ya-noh'-la] **v.** answer, reply
yanuari [ya-noo-a-ree] **n.** January
yaya [ya-ya'] **adj.** elder
ye [yeh'] **pron.** her, him; **na ye** [na] **adj.** her, his: **mama
  na ye** [ma-ma' na] his mother
yeba [yeh'-ba] **v.** know: **nayebi te** [na-yeh'-bee te'] I do
  not know
yebisa [yeh'-bee-sa] **v.** tell, inform: **yebisa ngai...**
  [yeh'-bee-sa' n-ga'-ee'] tell me...

yekola [yeh'-koh-la] **v.** learn, study: **nazali koyekola**
[na-za-lee koh-yeh'-koh-la] I am studying
yela [yeh'-la] **v.** bring: **yela ngai...** [n-ga'-ee'] bring me...
yemba [yeh'-mba] **v.** sing: **nayembi** [na-yeh'-mbee] I sing
Yezu [yeh'-zoo] **n.** Jesus
yiba [yee'-ba] **v.** steal: **ayibi** [a-yee'-bee] he has stolen
yika [yee'-ka] **n.** wheel
yikinya [yee-kee-nya] **v.** multiply
yina [yee-na] **v.** dislike, hate
yingela [yee-ngeh-la] **v.** come in, enter
yo [yo'] **pron.** you: **namoni yo** [na-mo'-nee yo'] I see you;
yo moko [mo'-ko'] **pron.** yourself
yoka [yoh'-ka] **v.** hear, listen, feel, understand: **nayoki yo**
[na-yoh'-kee yo'] I understand you; **nazali koyoka molunge**
[na-za-lee moh-loo-nge'] I feel hot
yokana [yoh'-ka-na] **v.** agree, get on (with): **toyokani malamu**
[ma-la'-moo] we agree well
yoso [yo'-so] tala **nyonso**
yuli [yoo-lee] **n.** July
yuni [yoo-nee] **n.** June

Z

zabolo/zabulu [za'-bo-lo] **n.** devil
zala [za-la] **v.** be, live, stay, sit (down), exist: **nazali**
[na-za-lee] I am; **ezali** [eh-za-lee] it is; **nazalaka na**
Franse [na-za-la-ka na] I live in France
zala na [za-la na] **v.** have: **tozali na** [toh-za-lee na] we
have
zamba, (pl.) **mamba** [za'-mba] **n.** forest, bush
zambi, (pl.) **mambi** [za-mbee'] **1. n.** matter **2. conj.** because
zando [za'-ndoh] **n.** market
zanga [za-nga] **v.** miss, need
zebi [zeh-bee] **n.** science
zelo, (pl.) **melo** [zeh-loh] **n.** sand
zemi [zeh-mee] **n.** pregnancy: **azali na zemi** [a-za-lee na]
she is pregnant
zila [zee-la] **v.** wait: **nakozila awa** [na-koh-zee-la a'-wa]
I will wait here
-zito, mozito [moh-zee-toh] **adj.** heavy
zoba [zo'-ba] **n.** idiot, twit
zoka [zoh-ka] **v.** injure, hurt: **moto azoki** [moh-toh a-zoh-kee]
the man is injured
zolo, (pl.) **molo** [zoh'-loh] **n.** nose
zolongano [zoh-loh-nga-noh] **n.** circle
zomi [zoh'-mee] **adj./n.** ten
zonga [zoh'-nga] **v.** return, come back; **Edouard azongi**
[a-zoh'-ngee] Edward has returned
zongazonga [zoh'-nga-zoh'-nga] **prep.** around (place)

zwa [zwa] **v.** have, receive, find (again), earn: **nazwi mokanda na yo** [na-zwee moh-ka-nda' na yo'] I have received your letter
zwana [zwa'-na] **v.** meet (again)
zuwa [zoo'-wa] **n.** jealousy: **Monika ayoki zuwa** [a-yoh'-kee] Monica is jealous

LINGALA   PHRASEBOOK

INTRODUCTION

The purpose of this phrasebook is to acquaint visitors, or indeed anyone, with some of the more common words and phrases. There is also a brief description of Lingala grammar enabling the reader to expand on the phrases given by substituting nouns, adjectives, etc. Different words are made by adding prefixes and suffixes to the basic stem. The notes on grammar will give you a better understanding of the structure of words. The guide to pronuncation will also assist you to improve your spoken Lingala.

HISTORICAL BACKGROUND

Lingala, the national language of the Congo and Zaire, belongs
to the Bantu family of languages. The dialect which is believed
to be the basis of present Lingala is Bobangi. This one is spoken
by the riverside residents (bangala) all along the Congo (Zaire)
River and Ubangi River between Makanza and Mbandaka in the region
of Equator, Zaire.

The first Europeans to arrive in the region commenced to
learn the Bobangi language. Bobangi would then be transformed,
enriched, with the contribution of other Congolese and Zairean
dialects to create a new language, Lingala. Before the arrival
of Europeans, the active trade carried out all along the Congo
(Zaire) River allowed multiple contacts and exchanges among
the populations, and the language spoken was Bobangi. After
the arrival of Europeans (in the late nineteenth century),
Bobangi served as the language of communication between traders,
travelers, soldiers, civil servants and missionaries.

In 1929, Kinshasa (ex Leopoldville) became the capital
of Zaire (ex Congo). Then Lingala became the language of the
armed forces, police, administration, evangelists, education,
politics, media, etc.

Lingala continued to expand and it has found its origin
in a mixture of diverse Congolese and Zairean languages, Swahili,
French, English, etc. Zairean-Congolese modern music and culture
are the true sources of the enrichment of Lingala. It is also
the language of communication in the Congo and Zaire. Internatio-
nally, Lingala is used in several foreign broadcastings and
is the subject of intense research in the Congo, Zaire as well
as abroad. It is essential that missionaries in this part of
the world know Lingala.

GRAMMAR

Articles

There are no articles 'a', 'an' and 'the' in Lingala:

ndako   a house, the house

Gender

Nouns in Lingala are not gendered. Words **mobali** (masculine) and **mwasi** (feminine) are used to indicate sex:

mwana mobali   boy, son
mwana mwasi   girl, daughter

The Structure of Words

Nouns, adjectives, verbs, etc. usually come from one stem or root. Different words are formed by adding prefixes and suffixes. Take the stem '-**sal**-' (work v.): from it we can form other words like '**kosala**' (work v.), '**mosala**' (work n.), '**mosali**' (worker) '**basali**' (workers).

Nouns

The nouns are divided into classes. Here is a basic list of the eight classes of nouns:

Class	Singular prefix	Plural prefix	Examples	
1. Persons	**mo-**	**ba-**	**moninga** **baninga**	friend friends
2. Without a sing. prefix, often foreign words	-	**ba-**	**sani** **basani**	plate plates
3. Miscellaneous	**mo-**	**mi-**	**mosala** **misala**	work (n.) works
4. Miscellaneous	**li-**	**ma-**	**lipasa** **mapasa**	twin twin

5. Objects, etc.	**e-**	**bi-**	**eloko** **biloko**	thing things
6. Without a plural	**m-/n-**	**m-/n-**	**mbeto** **mbeto**	bed beds
7. Miscellaneous	**lo-**	**n/m-/ma-**	**lokasa** **nkasa**	leaf leaves
8. Objects, abstracts	**bo-**	**ma-**	**bolangiti** **malangiti**	blanket blankets

In plural, **lo-** will become **n** before g, k, t, s (lokasa
- nkasa); it will become **m** before b, p (loposo - mposo);
some nouns have their plural in **ma** (lokolo - makolo); **l**
preceded by **n** is turned into **d** (lolemu - nlemu - ndemu).

The Substantive nouns

Substantive nouns are formed with verbal root, the prefix and
suffix **mo..i** (singular) and **ba..i** (plural):

ko-yemb-a = sing   **moyembi** = singer
ko-tong-a = build   **motongi** = builder

Adjectives

The adjective always follows the noun which it modifies. The
prefix of the noun is added to the adjective that modifies it:

mokonzi   chief
-nene   big
mokonzi monene   big chief

Variable adjectives are preceded by a hyphen (-).

Adverbs

Most adverbs have one single form which does not change:

sikoyo   now
noki   quickly
mpenza   truly

Some adverbs also are constructed from adjectives and they take the prefix **'ma'**:

-lamu	good
malamu	well

Personal pronouns (verbal prefixes)

Singular   Plural

I	**na-**	we	**to-**
you	**o-**	you	**bo-**
he, she, it	**a-**	they	**ba-** (living beings)
it (things)	**e-**		**e-/i-** (things)

tata ayei	father has come
mbwa akufi	the dog has died
mwete ekwei	the tree has fallen

Verbs

Infinitive verbs are formed by adding the prefix **'ko-'** to the stem:

ko-son-o	sew
ko-bet-e	beat, strike

To avoid classification of all these infinitives under the letter 'K', the prefix **'ko-'** will be dropped in the Lingala dictionary.

Here are some verb tenses:

	stem	**-sal-**	work
		[-sa'l-]	
1.	infinitive regular	**kosala**	work (v.)
		[koh-sa'-la]	
2.	present general	**nasala**	I work
		[na-sa'-la]	
3.	present momentary	**nakoya**	I'm coming
		[na'-koh-ya-a]	
4.	present participle	**nazali kotanga**	I'm reading
		[na-za-lee koh-ta'-nga]	
5.	present habitual	**natang-aka**	I'm used to
		[na-ta'-nga-ka]	reading
6.	present perfect, past recent	**nasal-i**	I've worked
		[na-sa'-lee]	
7.	past historical, imperfect	**nasal-aki**	I worked
		[na-sa'-la'-kee']	(yesterday)

8.	past habitual, imperfect	**nasal-aka** [na-sa'-la'-ka']	I used to work
9.	past anterior, perfect	**nasala** [na-sa'-la']	I had worked
10.	future immediate	**nasala** [na-sa'-la]	I'm going to work now
11.	future remote	**nakosala** [na-koh-sa'-la]	I shall work
12.	subjunctive	**nasala** [na'-sa'-la]	I may work

There are verbs which have the sense of the present with the
form of the present perfect (past recent). Some examples:

kokoka = nakoki   be able = I can, may
kolinga = nalingi   like = I like, love, want

Auxiliary verbs

kozala (be v.)   **kozala na** (have v.)

nazali (I am)   **nazali na** (I have)
ozali (you are)   **ozali na** (you have)
azali (he, she, it is)   **azali na** (he, she, it has)
ezali (it is) things   **ezali na** (it has) things
tozali (we are)   **tozali na** (we have)
bozali (you are)   **bozali na** (you have)
bazali (they are)   **bazali na** (they have)
e(i)zali (they are) things   **e(i)zali na** (they have) things

Here are some derivate verbs:

   -isa = causative:
E.g.: **kosala** = work (v.)   **kosalisa** = make sb/sth work
      koya = come (v.)   **koyeisa** = let sb come

   -ela = applicative (at, for, to):
E.g.: **kosala** = work (v.)   **kosalela** = work for
      kokoma = write (v.)   **kokomela** = write to

   -ana, -ono, -one = reciprocal:
E.g.: **kolinga** = love (v.)   **kolingana** = love each other
      kotala = visit/see (v.) **kotalana** = visit each other

   -ama, -ema = passive (simple verbs ending in **a**):
E.g.: **kolamba** = cook (v.)   **kolambama** = be cooked
      kobota = give birth to   **kobotama** = be born

Negatives

The negative is the word **'te'** and it is placed at the end of
a negative phrase:

nayebi te	I do not know
nasalaki mosala te	I did not work

Pronouns (direct object)

Singular   Plural

me	**ngai**	us	**biso**
you	**yo**	you	**bino**
him, her, it	**ye**	them	**bango** (living beings)
it (things)	**yango**		**yango** (things)

Possessive adjectives

The possessive adjective is rendered by the direct personal
pronoun preceded by **'na'** or **'ya'**. They are as follows:

Singular   Plural

my	**na ngai**	our	**na biso**
your	**na yo**	your	**na bino**
his, her, its	**na ye**	their	**na bango**
its (things)	**na yango**	(things)	**na yango**

E.g.: **tata na ngai**   my father etc.

Possessive pronouns (mine, yours, his, hers, its, ours, theirs)
have the same form as possessive adjectives.

E.g.: **buku ya ngai**   the book is mine etc.

Demonstrative adjectives

There are two demonstrative adjectives: **oyo** and **yango**. **Oyo**
indicates living beings and close objects and **yango**, which is
more remote. Here are some examples:

moto oyo	this man
bato baye	these men
mbeli yango	that knife
mbeli yango	those knives

Here is the table of demonstratives. They change according
to class:

Class	1 mo-ba	2 -ba	3 mo-mi	4 li-ma	5 e-bi	6 mn-mn	7 lo-nm	8 bo-ma
this these	oyo **baye**	oyo **baye**	moye **miye**	liye **maye**	eye **biye**	eye **lye**	**loye** **lye**	**boye** **maye**
that those	**yango** **bango**	yango **bango**	mwango **mango**	liango **mango**	yango **biango**	yango yango	lango **yango**	bwango **mango**

Questions

Unlike English, the word order of the sentence does not change.
The voice rises at the end of the sentence:

olobaka lingala?	do you speak Lingala? (Literally: you are in the habit of speaking Lingala?
tata akei?	has father gone? (Literally: father has gone?

Imperatives

There are two forms in the imperative, viz., the second person
singular and plural. Notice the following with the verb -**sala**
[-sa'-la] - work, make, do:

sala sa'-la'	work (sing.)
bosala boh'-sa'-la	work (pl.)

With the negative:

kosala te koh-sa'-la te'	do not work (sing. and pl.)
osala te oh'-sa'-la te'	do not work (sing.)
bosala te boh'-sa'-la te'	do not work (pl.)

NUMBERS

(mitango)

Cardinal Numbers

one	1	**m-oko**
		mo'-ko'
two	2	**mi-bale**
		mee'-ba-leh'
three	3	**mi-sato**
		mee'-sa'-toh
four	4	**mi-nei**
		mee'-neh-ee
five	5	**mi-tano**
		mee'-ta'-noh
six	6	**motoba**
		moh-toh'-ba'
seven	7	**(n)sambo**
		nsa-mboh
eight	8	**mwambe**
		mwa-mbeh
nine	9	**libwa**
		lee-bwa'
ten	10	**zomi**
		zoh'-mee'
eleven	11	**zomi na moko**
		zoh'-mee' na mo'-ko'
twelve	12	**zomi na mibale**
		zoh'-mee' na mee'-ba-leh'
thirteen	13	**zomi na misato**
		zoh'-mee' na mee'-sa'-toh
fourteen	14	**zomi na minei**
		zoh'-mee' na mee'-neh-ee
fifteen	15	**zomi na mitano**
		zoh'-mee' na mee'-ta'-noh
sixteen	16	**zomi na motoba**
		zoh'-mee' na moh-toh'-ba'
seventeen	17	**zomi na nsambo**
		zoh'-mee' na nsa-mboh
eighteen	18	**zomi na mwambe**
		zoh'-mee' na mwa-mbeh
nineteen	19	**zomi na libwa**
		zoh'-mee' na lee-bwa'
twenty	20	**ntuku mibale**
		ntoo'-koo' mee'-ba-leh'
twenty-one	21	**ntuku mibale na moko**
		ntoo'-koo' mee'-ba-leh' na mo'-ko'
thirty	30	**ntuku misato**
		ntoo'-koo' mee'-sa'-toh

forty	40	**ntuku minei** ntoo'-koo' mee'-neh-ee
fifty	50	**ntuku mitano** ntoo'-koo' mee'-ta'-noh
sixty	60	**ntuku motoba** ntoo'-koo' moh-toh'-ba'
seventy	70	**ntuku nsambo** ntoo'-koo' nsa-mboh
eighty	80	**ntuku mwambe** ntoo'-koo' mwa-mbeh
ninety	90	**ntuku libwa** ntoo'-koo' lee-bwa'
one hundred	100	**nkama** nka'-ma'
two hundred	200	**nkama mibale** nka'-ma' mee'-ba-leh'
five hundred	500	**nkama mitano** nka'-ma' mee'-ta'-noh
one thousand	1,000	**nkoto** nkoh'-toh'
one million	1,000,000	**nkese** nkeh'-seh'

Numerals are considered adjectives so they follow the noun.
In written Lingala, numbers 1, 2, 3, 4 and 5 are variable.
Notice the following:

one person		**moto moko** moh-toh mo'-ko'
two persons		**bato babale** ba-toh ba-ba-leh'
six persons		**bato motoba** ba-toh moh-toh'-ba'

Some Ordinal Numbers

first	**ya/wa liboso** ya/wa lee-boh-soh'	sixth	**ya motoba** ya moh-toh'-ba'
second	**ya mibale** ya mee'-ba-leh'	seventh	**ya sambo** ya sa-mboh
third	**ya misato** ya mee'-sa'-toh	eighth	**ya mwambe** ya mwa-mbeh
fourth	**ya minei** ya mee'-neh-ee	ninth	**ya libwa** ya lee-bwa'
fifth	**ya mitano** ya mee'-ta'-noh	tenth	**ya zomi** ya zoh'-mee'

E.g.: the first child   **mwana ya/wa liboso/yambo** etc.
mwa'-na ya/wa lee-boh-soh'/ya-mbɔh

Year 1995   **mobu mwa nkoto (moko) na nkama libwa na
                  ntuku libwa na mitano**
                  moh-boo' m-wa-a nkoh'-toh' mo'-ko' na nka'-ma'
                  lee-bwa' na ntoo'-koo' lee-bwa' na mee'-ta'-noh
2000   **mobu mwa nkoto mibale**
                  moh-boo' m-wa-a nkoh'-toh' mee'-ba-leh'

MEASURES AND WEIGHTS

(mameko na mazito)

Volume

pints   1 pt = 0.57 litres
litres   1 l. = 1.76 pints

gallons   1 gal = 4.55 litres
litres   1 l. = 0.22 gallons

Weight

ounces   1 oz = 28.35 grams
grams   1 gr = 0.04 ounces

pounds   1 lb = 0.45 kilos
kilos   1 kg = 2.20 pounds

Length

inches   1 in = 2.54 centimetres
centimetres   1 cm = 0.39 inches

yards   1 yd = 0.91 metres
metres   1 m = 1.09 yards

miles   1 mi = 1.61 kilometres
kilometres   1 km = 0.62 miles

Temperature

Fahrenheit   °F   to   °C   Centigrade
                  - 32 x 5 divide by 9

Centigrade   °C   to   °F   Fahrenheit
                  divide by 5 x 9 + 32

COMMON WORDS AND PHRASES

(maloba na bilobela)
(ya momeseno)

Greetings

It is admirable and friendly to shake hands while exchanging
greetings.

Hello! Hi!	**Losako!** loh-sa'-koh
Good morning Good afternoon Good evening	**Mbote** m-bo'-te'
Good night	**Butu elamu** boo-too' eh-la'-moo
Welcome!	**Boyei bolamu!** boh-yeh'-ee boh-la'-moo **Oyei o!** oh'-yeh'-ee oh'
This is Mrs...	**Oyo Madamu...** oh'-yoh ma-da-moo
This is my mother	**Oyo mama na ngai** oh'-yoh ma-ma' na n-ga'-ee'
Here's...(George)	**Tala...(Georges)** ta'-la
How is...(Monica)?	**Boni...(Monika)?** boh'-nee' mo-nee-ka
Pleased to meet you	**Nakosepela kokutana na yo** na'-koh-seh-peh-la koh-koo'-ta-na na yo'
How are you?	**Sango nini?** sa-ngoh nee'-nee
How is it going?	**Ozali (malamu)?** oh-za-lee ma-la'-moo
Fine, thanks. And you?	**Malamu, melesi. Na yo?** ma-la'-moo, me-le-see'. na yo'
Very well	**Malamu mingi/Penza** m-ala'-moo mee'-ngee/peh-nza'
Goodbye (bid farewell)	**Kende/Kendeke malamu** ke-nde'-ke' ma-la'-moo
Goodbye (stay well)	**Tikala malamu** tee'-ka'-la' ma-la'-moo
See you later	**Tokomonono na nsima** toh-koh-mo'-no-no na nsee-ma

General Expressions

Yes	**Iyo/ee**
	ee'-yoh/e-e
No	**Te**
	te'
Please	**Palado**
	pa-la-do'
	Soki olingi
	so'-kee' oh-lee-ngee
Thank you	**Natondi yo**
	na-to'-ndee yo'
Thank you very much	**Melesi mingi**
	me-le-see' mee'-ngee
You are welcome]	**Eleko te**
Don't mention it]	**Likambo te**
	eh-lo'-ko/lee-ka-mboh te'
With pleasure	**Nayoki nsai**
	na-yoh'-kee n-sa'-ee'
Excuse me	**Limbisa ngai**
	lee'-mbee-sa n-ga'-ee'
Do you speak English?	**Olobaka anglais?**
	oh-loh-ba-ka a-ngle
I'm sorry	**Nayoki mawa**
	na-yoh'-kee ma-wa
I don't speak English	**Nalobaka anglais te**
	na-loh-ba-ka a-ngle te'
I understand	**Nayoki/Nayebi**
	na-yoh'-kee/na-yeh'-bee
I don't understand	**Nayoki te**
	na-yoh'-kee te'
Please speak slowly	**Loba malembe, palado**
	loh-ba ma-le'-mbe, pa-la-do'
Please repeat that	**Loba yango lisusu, palado**
	loh-ba' ya-ngoh' lee-soo'-soo, pa-la-do'
My name is...(Richard)	**Nkombo na ngai...(Richard)**
	nkoh'-mboh' na n-ga'-ee'
What is your name?	**Nkombo na yo nani?**
	nkoh'-mboh' na yo' na'-nee
I'm from...(Canada)	**Nauti...(Kanada)**
	na-oo'-tee
I'm here on vacation	**Nazali awa na bopemi**
	na-za-lee a'-wa na boh-peh'-mee
I like...]	**Nalingi...**
I want...]	na-lee-ngee
I'd like...]	**Nalingi te**
	na-lee-ngee te'
I don't want	**Pesa ngai...**
Give me...	pe'-sa' n-ga'-ee'

I'm hungry	**Nazali na nzala** na-za-lee na n-za-la
I'm thirsty (for)	**Nazali na mposa (ya)** na-za-lee na mpoh'-sa (ya)
I'm tired	**Nalembi** na-le-mbee'
I'm in a hurry	**Ngai nazali na mbangu** n-ga'-ee' na-za-lee na m-ba'-ngoo **Nazali kowela tango** na-za-lee koh-weh'-la ta'-ngoh
Never mind	**Komona mpasi te** koh-mo'-na mpa'-see te'
I don't mind	**Namoni mpasi te** na-mo'-nee mpa'-see te' **Napangani te** na-pa-nga-nee te'
I'm leaving now	**Nakende** na-ke-nde
Where're you going?	**Okei wapi?** oh-ke-ee' wa'-pee
I'm going to visit...	**Nakokende kotala...** na'-koh-ke-nde koh-ta'-la
Come here	**Yaka awa** ya'-ka' a'-wa
I'll come back	**Nakozonga** na-koh-zoh'-nga
Why?	**Mpo (na) nini?** mpoh' (na) nee'-nee
Where?	**Wapi?** wa'-pee
Where is?...] Where are...?]	**...ezali wapi?** ...eh-za-lee wa'-pee
How?	**Boni?** boh'-nee'
How much?] How many?]	**Boni?** boh'-nee'
How far?	**Ntaka nini?** nta'-ka' nee'-nee **Tee wapi?** teh'-eh' wa'-pee
How long?	**Eleko boni?** eh-leh-koh boh'-nee'
How old is he?	**Azali na mbula boni?** a-za-lee na m-boo'-la boh'-nee'
He is ten years old	**Azali na mbula zomi** a-za-lee na m-boo'-la zoh'-mee
When?	**Ntango/Eleko nini?** nta'-ngoh/eh-leh-koh nee'-nee

What?	**Nini?**
	nee'-nee
What's this?	**Nini boye?**
	nee'-nee boh-yeh'
What does this mean?	**Ntina ya oyo nini?**
	ntee-na ya oh'-yoh nee'-nee
What's it called?	**Nkombo ya oyo nini?**
	nkoh'-mboh' ya oh'-yoh nee'-nee
What time is it?	**(Ekomi) ntango nini sikoyo**
	eh-koh'-mee nta'-ngoh nee'-nee
	see-koh'-yoh
It is five o'clock	**Ntango ekomi na ngonga mitano**
	nta'-ngoh eh-koh'-mee na n-goh-nga
	mee'-ta'-noh
What's the matter?	**Likambo nini?**
	lee-ka-mboh nee'-nee
Nothing	**Eloko te**
	eh-lo'-ko te'
	Likambo te
	lee-ka-mboh te'
Who?	**Nani?**
	na'-nee
Which?	**Nini**
	nee'-nee
May I have...?	**Nakoki kozwa...?**
	na-koh-kee koh-zwa
Can you show me...?	**Okoki kolakisa ngai...**
	oh-koh-kee koh-la-kee-sa n-ga'-ee'
It's, this, this's	**Oyo/Ezali**
	oh'-yoh/eh-za-lee
It's good	**Ezali malamu**
	eh-za-lee ma-la'-moo
This is my wife	**Oyo mwasi na ngai**
	oh'-yoh' m-wa'-see na n-ga'-ee'
Is this your husband?	**Oyo mobali na yo?**
	oh'-yoh moh-ba'-lee na yo'
here/there	**awa/kuna, wana**
	a'-wa/kou'-na', wa'-a-na'
There is no chair here	**Kiti ezali awa te**
	kee'-tee eh-za-lee' a'-wa te'
There is a bed	**Mbeto ezali wana**
	m-be'-toh eh-za-lee' wa'-na'

Problems

I'm lost]	
I've lost my way]	**Nabungi nzela**
	na-boo'-ngee n-zeh-la'
	Nabosani nzela
	na-boh-sa-nee n-zeh-la'

Please help me	**Salisa ngai, palado** sa'-lee-sa' n-ga'-ee', pa-la-do'
I'm ill] I'm sick]	**Nazali kobela** **Nazali na bokono** na-za-lee koh-be'-la/na boh-ko-no
I don't feel well	**Nayoki malamu te** na-yoh'-kee ma-la'-moo te
Get a doctor	**Benga monganga** beh'-nga' moh'-nga-nga
I've lost my bag	**Nabungisi saki na ngai** na-boo'-ngee-see sa'-kee na n-ga'-ee'
Call the police	**Benga pulusi** beh'-nga' poo-loo'-see
Be careful!	**Keba!** keh'-ba
Fire!	**Moto!** mo'-to
Be quick! Hurry up!	**Sala noki!** sa'-la' no-kee

Wishes and Greetings

Best wishes!	**Bolamu** boh-la'-moo
Good luck!	**Bolamu!/Esengo!** boh-la'-moo/eh-se-ngo
Congratulations!	**Kumbisama!** koo-mbee-sa-ma
Have a good trip!	**Mobembo malamu!** moh-beh'-mboh ma-la'-moo
Merry Christmas!	**Mbotama elamu!** m-boh'-ta-ma eh-la'-moo
Happy Birthday!	**Mbotama elamu!** m-boh'-ta-ma eh-la'-moo
Happy New Year!	**Mobu molamu!** moh-boo' moh-la'-moo **Bonana!** boh'-na-na'
Happy Easter!	**Pasika elamu!** pa'-see-ka eh-la'-moo
Give my regards to X	**Pesela ngai X mbote** pe'-seh'-la' n-ga'-ee' X m-bo'-te'

Colloquial Expressions

damn!, bother!	**ebeba!, motungisa!** eh-beh'-ba', moh-tou-ngee-sa

shut up!	**sala nye!**
	sa'-la' nye
it's rubbish!	**ezali bosoto!**
	eh-za-lee' boh-soh-toh
idiot, twit	**zoba**
	zo'-ba
you are sick?	**okobela?**
	oh' koh bo' la
she's a devil!	**azali zabulu!**
	a-za-lee' za'-bou-lou
drunkard	**molangi**
	moh-la'-gee
what a character!	**ezalela nini!**
	eh-za-leh-la nee'-nee

Terms relating to the Art of Conversation

conversation	**lisolo**
	lee-soh-loh'
talkative	**mosopi**
	moh-so-pee
you're talking nonsense	**okolobaloba**
	oh'-koh-loh-ba-loh-ba
gossip	**bilobaloba**
	bee-loh-ba-loh-ba
scream	**mowoso**
	moh-woh-soh
slander	**songisongi**
	so-ngee'-so-ngee'
story	**lisapo**
	lee-sa-poh
argument	**elakisa mpo**
	eh-la-kee-sa mpoh'
I heard a rumour	**Nayokaki nsango ya balobi**
	na-yoh'-ka'-kee' nsa-ngoh ya ba-loh-bee

DAYS OF THE WEEK

(mikolo mya poso)

today	**lelo** le–lo'
What day is it today?	**Lelo mokolo nini?** le–lo' moh–ko–lo nee'–nee
Sunday	**eyenga** eh–yeh–nga **lomingo** loh–mee–ngoh
Monday	**mokolo ya liboso** moh–ko–lo ya lee–boh–soh' **mokolo ya yambo** moh–ko–lo ya ya–mboh
Tuesday	**mokolo ya mibale** moh–ko–lo ya mee'–ba–leh
Wednesday	**mokolo ya misato** moh–ko–lo ya mee'sa'–toh
Thursday	**mokolo ya minei** moh–ko–lo ya mee'–neh–ee
Friday	**mokolo ya mitano** moh–ko–lo ya mee'–ta'–noh
Saturday	**mposo** mpo'–so **sabala** sa–ba–la
this morning	**ntongo oyo** nto'–ngo' oh'–yoh
early in the morning	**na ntongo penza** na nto'–ngo' peh–nza'
in the afternoon] in the evening]	**na mpokwa** na mpoh'–kwa
during the day	**eleko ya mokolo** eh–leh–koh ya moh–ko–lo
at night	**na butu** na boo'–too'
tomorrow] yesterday]	**lobi** loh'–bee
the day after tomorrow] the day before] yesterday]	**ndele** n–deh'–leh
tomorrow night] last night]	**lobi na butu** loh'–bee na boo–too'

Where were you
  last night?

**Ozalaki wapi lobi na
  butu?**
oh-za-la'-kee' wa'-pee loh'-bee na
  boo-too'

I was in the
  nightclub

**Nazalaki na kati ya bar
  ya bobina**
na-za-la'-kee' na ka'-tee ya ba-a-r
  ya boh-bee-na

Where are we going
  tomorrow?

Tokokende wapi lobi?
toh-koh-ke-nde wa'-pee loh'-bee

We are going to the
  beach

**Tokokende (na)
  libongo**
toh-koh-ke-nde na lee-boh'-ngoh'

What day is it?

Ekozala na mokolo nini?
eh-koh-za-la na moh-ko-lo nee'-nee

It's Saturday

Ekozala na mposo
eh-koh-za-la na mpo'-so

two days ago

mikolo mibale eleki
mee-ko-lo mee'-ba-leh' eh-leh-kee

in five days

na nsima ya mikolo mitano
na nsee-ma ya mee-ko-lo mee'-ta'-noh

holiday

eyenga
eh-yeh-nga

day off

mokolo ya bopemi
moh-ko-lo ya boh-peh'-mee

work day

mokolo ya mosala
moh-ko-lo ya moh-sa'-la

birthday

mokolo ya kobotama
moh-ko-lo ya koh-boh'-ta-ma

MONTHS OF THE YEAR

(sanza ya mobu)

January	**sanza ya elanga/yanuari**
	sa'-nza' ya eh-la-nga
February	**sanza ya elanga nsu/febuari**
	sa'-nza' ya eh-la-nga nsoo
March	**sanza ya elenga ngweli/mars**
	sa'-nza' ya eh-la-nga n-gwe-lee
April	**sanza ya motinda/avril**
	sa'-nza' ya moh-tee'-nda
May	**sanza ya ndeke/mai**
	sa'-nza' ya n-de-ke
June	**sanza ya mobanda/yuni**
	sa'-nza' ya moh-ba-nda
July	**sanza ya bitwele/yuli**
	sa'-nza' ya bee-twe'-le'
August	**sanza ya mbinzo/ogusiti**
	sa'-nza' ya m-bee'-nzoh'
September	**sanza ya mbula/septembere**
	sa'-nza' ya m-boo'-la
October	**sanza ya mpela/okotobele**
	sa'-nza' ya mpeh-la
November	**sanza ya mpela ya mazobo/novembere**
	sa'-nza' ya mpeh-la ya ma-zo-bo
December	**sanza ya mosopa ngbanda/desembere**
	sa'-nza' ya moh-soh-pa n-gba-nda
this month	**sanza oyo**
	sa'-nza' oh'-yoh
last month	**sanza eleki**
	sa'-nza' eh-leh-kee
next month	**sanza ekoya**
	sa'-nza' eh-koh-ya'
two months ago	**sanza mibale eleki**
	sa'-nza' mee'-ba-leh' eh-leh-kee

THE TWO SEASONS

(bileko bibale)

dry season	**eleko ya elanga**
	eh-leh-koh ya eh-la-nga
rainy season	**eleko ya mpela**
	eh-leh-koh ya mpeh-la

TELLING TIME

(kotanga ntango)

time/hour	**ntango** nta'-ngoh
clock	**ngonga** n-goh-nga
What time is it?	**(Ekomi) ntango nini sikoyo?** eh-koh'-mee nta'-ngoh nee'-nee see-koh'-yoh
It is...	**Ntango ekomi na ngonga...** nta'-ngoh eh-koh'-mee na n-goh-nga
8:00	**mwambe** mwa-mbeh
2:00	**mibale** mee'-ba-leh'
10:00	**zomi** zoh'-mee'
in the morning	**na ntongo** na n-to'-ngo'
in the afternoon	**na mpokwa** na m-poh'-kwa
at night	**na butu** na boo-too'
noon/midnight	**midi/butu na ntantei** mee-dee'/boo-too' na nta-nteh'-ee
at...o'clock	**na ngonga...** na n-goh-nga
until 5:00	**tee ngonga mitano** teh'-eh' n-goh-nga mee'-ta'-noh
since 9:30	**uta ngonga libwa na ndambo** oo'-ta' n-goh-nga lee-bwa' na n-da'-mboh
2 hours ago	**ngonga mibale eleki** n-goh-nga mee'-ba-leh' eh-leh-kee
second/minute	**seconde/minuti** se-kon-nde/mee-noo-tee
half an hour	**ndambo ngonga** n-da'-mboh n-goh-nga
after/before	**nsima/liboso** n-see-ma/lee-boh-soh'
early/late	**mbango/eumeli** m-ban'-ngoh/eh-oo'-meh'-ee
At what time is...?	**...ekozala na ntango nini?** ...eh-koh-za-la na nta'-ngoh nee'-nee

---

Brazzaville/Kinshasa is six hours ahead of New York/Washington
time, one hour ahead London/Paris, two hours behind Moscow
and eight hours behind Tokyo.

THE WEATHER

(eleko)

hot	**molunge, moto** mŏh-lŏŏ-ngè', mŏ'-tŏ
cold	**mpio, malili** mpee'-oh, ma-lee'-lee
It's cold today	**Lelo mpio** le-lo' mpee'-oh
It's very warm	**Molunge ezali makasi** moh-loo-nge' eh-za-lee ma-ka'-see
The weather is fine, isn't?	**Eleko kitoko, ezali te?** eh-leh-koh kee-to'-ko, eh-za-lee te'
I like weather like this	**Nalingi eleko boye** na-lee-ngee eh-leh-koh boh-yeh
It will rain today	**Lelo mbula ekobete/ekono** le-lo' m-boo'-la eh-koh-be'-te/ eh-koh-no'
It has rained	**Mbula ebeteki** m-boo'-la eh-be'-te'-kee'
It's very dusty	**Mputulu ezali mingi** mpoo-too-loo' eh-za-lee mee'-ngee
It will be sunny tomorrow	**Moi ekobima lobi** moh'-ee eh-koh-bee-ma loh'-bee
It's cloudy	**Mapata** ma-pa-ta

ACCOMMODATIONS - HOTELS

(ndako - lotele)

At the Hotel

Na elielo na elalelo ya bapaya
na eh-lee-eh-loh na eh-la'-leh-loh
  ya ba-pa-ya

We're staying at a
  hotel

**Tokolala na
  lotele**
toh-koh-la'-la na loh-te-le

Do you have any
  rooms available?

**Ozali na suku ya
  pamba?**
oh-za-lee na soo-koo ya pa'-mba

I'd like a room...

Nalingi suku moko...
na-lee-ngee soo-koo mo'-ko'

  with a double bed

na mbeto moko ya monene
na m-be'-toh mo'-ko' ya moh-ne'-ne

  with twin beds

na mbeto mibale ekangana
na m-be'-toh mee'-ba-leh' eh-ka-nga-na

  with a bathroom

na esukolelo/bain
na eh-soo-koh-leh-loh/be'

  facing the river/
    ocean

**na boso ya ebale/
    mbu**
na boh-soh' ya eh-ba-leh/mboo'

  at the front

na liboso
na lee-boh-soh'

  at the back

na nsima
na nsee-ma

We'll be staying...

Tokolala...
toh-koh-la'-la

  overnight

butu moko
boo-too' mo'-ko'

  a couple of days

mikolo mibale
mee-ko-lo mee'-ba-leh'

  a week

poso moko
po'-so mo'-ko'

  a fortnight

poso mibale
po'-so mee'-ba-leh'

May I see the room?

Nakoki kotala suku?
na-koh-kee koh-ta'-la soo-koo

I don't like it

Nalingi yango te
na-lee-ngee ya-ngoh' te'

It's...

Oyo...
oh'-yoh

  too small

eleki moke
eh-leh-kee moh-ke'

  too cold

malili makasi
ma-lee'-lee ma-ka'-see

  too dark

molili makasi
moh-lee'-lee ma-ka'-see

noisy	**makelele**
	ma-ke-le'-le
dirty	**bosoto**
	boh-soh-toh
Give me a large room	**Pesa ngai suku monene**
	pe'-sa' n-ga'-ee' soo-koo moh-ne'-ne
What's the price?	**Ntalo (ezali) boni?**
	nta'-loh eh-za-lee boh'-nee'
I'll take it	**Nakokamata yango**
	na-koh-ka-ma-ta ya-ngoh'
My key, please	**Lifungola ya ngai, palado**
	lee-foo-ngoh'-la ya n-ga'-ee', pa-la-do'
Send the maid up	**Matisa mosalisi mwasi**
	ma-tee-sa moh-sa'-lee-see mwa'-see
Who is this?	**Nani wana?**
	na'-nee wa-a-na'
Just a minute!	**Zila moke!**
	zee-la moh-ke'
	Kokolo!
	koh-koh'-loh'
Come in!	**Kota!/Yingela!**
	koh'-ta'/yee'-ngeh-la'
I want...	**Nalingi...**
	na-lee-ngee
a towel	**sume**
	soo-meh
some soap	**saboni**
	sa-bo'-nee
a glass	**kopo/nzinzi**
	ko'-po/n-zee-nzee
There is no hot water	**Mai ya moto ezali te**
	ma'-ee ya mo'-to eh-za-lee' te'
The lamp is broken	**Mwinda ebuki**
	mwee'-nda eh-boo-kee
The window is stuck	**Lininisa etemi**
	lee-nee-nee-sa eh-te'-mee
Switch on the television	**Fungola televizyo**
	foo-ngoh-la teh-leh-vee-zyo'
Is there laundry service?	**Mosala ya motanisi ezali wana?**
	moh-sa'-la ya moh-ta'-nee-see eh-za-lee wa'-a-na'
Where's the dining-room?	**Elielo ezali wapi?**
	eh-lee-eh-loh eh-za-lee wa'-pee
Is there any mail for for me?	**Mokanda ya ngai ezali wana?**
	mo-ka-nda' ya n-ga'-ee' eh-za-lee' wa'-a-na'

We're leaving tomorrow	**Tokokende lobi** toh-koh-ke-nde loh'-bee
The bill/check, please	**Facture, soki olingi** fak-tee-re, so'-kee' oh-lee-ngee
Please take my luggage down	**Kitisa biloko ya ngai, palado** kee-tee-sa' bee-lo-ko ya n-ga'-ee', pa-la-do'
Call me a taxi	**Benga ngai takisi** beh'-nga' n-ga'-ee' ta-kee-see'
I'm going to the airport now	**Nakende libanda ya pepo** na-ke-nde lee-ba'-nda' ya peh'-poh

At the Hotel (na lotele)

Is there a...here?	**...ezali awa?** ...eh-za-lee' a'-wa
bank	**banque** ba-nk
post office	**posita/poste** po'-see-ta/po-st
I want to change some dollars	**Nalingi kobongola dola** na-lee-ngee' koh-boh'-ngoh-la do-la
I want...(CFA francs)	**Nalingi...(makuta/falanga)** na-lee-ngee' ma-koo'-ta/fa-la'-nga
I want some stamps	**Nalingi timbres** na-lee-ngee' te-mbr
How much is a...?	**Kotindela...ezali ntalo boni?** koh-tee'-ndeh-la eh-za-lee nta-loh boh'-nee'
letter to the USA	**ba-Amerike mokanda** ba-a-me-reek moh-ka'-nda'
parcel to Italy	**Itali liboke** ee-ta-lee lee-boh'-keh'
Where's the telephone?	**Nsinga ezali wapi?** nsee-nga eh-za-lee wa'-pee
Operator!	**Standardiste!** sta-ndar-dee-st
I'd like this phone number...in France	**Nalingi motango oyo/moye...ya nsinga na Franse** na-lee-ngee' moh-ta'-ngoh oh'-yoh/moh'-yeh ya n-see-nga na fra-nse
Can I dial direct?	**Nakoki kobete nsinga semba?** na-koh-kee koh-be'-te nsee-nga seh'-mba
May I speak to...	**Nakoki koloba na...** na-koh-kee koh-loh-ba na...

FOOD - EATING

(bilei - koliya)

in a restaurant or hotel dining room	**na restaurant to elielo ya lotele** na res-to-ran toh-oh eh-lee-eh-loh ya loh-te-le
I'm hungry	**Nazali na nzala** na-za-lee na n-za-la
I'm thirsty	**Nazali na mposa (ya)** na-za-lee na mpoh'-sa' ya
waiter	**mosaleli ya mobali** moh-sa'-leh-lee ya moh-ba'-lee
waitress	**mosaleli ya mwasi** moh-sa'-leh-lee ya mwa'-see
I'd like a table for two	**Nalingi kozwa mesa ya bato mibale/ babale** na-lee-ngee koh-zwa meh'-sa ya ba-toh mee'-ba-leh'/ba-ba-leh'
The menu, please	**Kalati ya bilei, soki olingi** ka'-la-tee ya bee-leh-ee, so'-kee' oh-lee-ngee'
meal	**mole** moh-leh
breakfast	**bilei na ntongo** bee-leh-ee na nto'-ngo'
lunch	**bilei na moi** bee-leh-ee na moh'-ee
dinner	**bilei na mpokwa** bee-leh-ee na mpoh'-kwa
What do you recommend?] What would you like?]	**Okosenga nini?** **Olingi nini?** oh-koh-se'-nga/oh-lee-ngee' nee'-nee
Give me some...please	**Pesa ngai...palado** pe'-sa' n-ga'-ee' pa-la-do'
bacon and eggs	**nyama ya lard na makei** nya-ma ya lar na ma-ke-ee'
biscuit/cookie	**bisikiti** bee-see-kee'-tee
bread and butter	**lipa na manteka** lee-pa na ma-nteh'-ka
cassava bread	**mongwele** moh-ngweh'-leh'
cheese	**fromage** fro-maz
coffee	**kawa/kafe** ka'-wa/ka-feh
honey	**nzoi** n-zo'-ee

milk	**mabele/miliki** ma-be'-le/mee-lee-kee
orange juice	**mai ya lilala** ma'-ee ya lee-la'-la
salad	**saladi** sa-la-dee
sausage	**sosesi/saucisse** so-se-see/so-sees
ham	**ebelo ya ngulu/jambon** eh-beh-loh ya n-goo-loo/za-bo'
sugar	**sukali** soo-ka'-lee
tea	**ti** tee'
boiled egg	**likei ya kolambama** lee-ke-ee' ya koh-la'-mba-ma
fried eggs	**makei ya kokalangama** ma-ke-ee' ya koh-ka-la-nga-ma
a raw egg	**likei mobesu** lee-ke-ee' moh-beh'-soo
Do you like milk?	**Olingi miliki?** oh-lee-ngee mee-lee-kee

Yes, but I prefer cream	**Iyo, ka naponi mafuta ya
	   miliki/creme**
	ee'-yoh, ka' na-po-nee ma-foo'-ta ya
	   mee-lee-kee/krem

Would you like more?	**Olingi lisusu?** oh-lee-ngee lee-soo'-soo
No, thank you	**Te, melesi** te', me-le-see'

We'd like to have
   lunch/dinner
	**Tolingi kozwa bilei ya
	   moi/mpokwa**
	toh-lee-ngee koh-zwa bee-leh'-ee ya
	   moh'-ee/mpoh'-kwa

Please bring us...	**Palado yela biso...** pa-la-do' yeh'-la' bee-soh'
some cold water	**mai ya mpio** ma'-ee ya mpee'-oh
a beer	**masanga** ma-sa-nga

a bottle of wine
   (white, red)
	**molangi ya vinu
	   (pembe, ngola)**
	moh-la-ngee ya vee-noo
	   (pe-mbe, n-goh-la')

Also bring a...	**Yela mpe...** yeh'-la' mpeh
fork	**nkanya** n-ka-nya

spoon	**lokele** loh-ke-le'
knife	**mbeli** m-be-lee
plate	**sani** sa'-nee
glass/cup	**kopo** ko'-po

Meat (nyama)

beef	**nyama ya ngombe** nya-ma ya n-go'-mbeh
goat	**ntaba** nta-ba
mutton	**nyama ya mpata** nya-ma ya mpa-ta'
lamb	**nyama ya mwa mpata** nya-ma ya mwa-a mpa-ta'
pork	**nyama ya ngulu** nya-ma ya n-goo'-loo

The meat is...	**Nyama...** nya-ma
overdone	**elambi makasi** eh-la'-mbee ma-ka'-see
underdone	**mwa elambi** mwa-a eh-la'-mbee

Game and Fowl (nyama ya zamba na linkeme)

antelope	**mboloko, mbuli** m-boh'-loh'-koh', m-boo-lee
buffalo	**nzale** n-za'-leh
chicken, hen, cock	**nsoso** nsoh'-soh'
duck	**libata** lee-ba-ta'
guinea fowl	**linkeme** lee-nke'-me'
pigeon	**ebenga** eh-beh-nga'
rabbit	**nsimbiliki** nsee-mbee-lee-kee
wild boar	**ngulu ya zamba** n-goo'-loo ya za'-mba

Fish and Seafood (mbisi na bile ya mbu)

crab	**lingatu**
	lee-nga'-too
eel	**mokamba**
	moh-ka-mba
electric fish	**nina**
	nee-na'
salmon	**samoni**
	sa-mo-nee
salted fish	**makayabo**
	ma-ka-ya-boh
sardines	**selenge**
	se-le-nge
shrimp	**monsanya**
	moh-nsa-nya
smoked fish	**mbisi ya kokokama**
	m-bee'-see ya koh-koh'-ka-ma

The eel is very tasty	**Mokamba ezali elengi mingi**
	moh-ka-mba eh-za-lee eh-le-ngee mee-ngee
Have you had enough?	**Otondi?**
	oh-toh'-ndee
I've had enough	**Natondi**
	na-toh'-ndee
Thank you	**Natondi yo**
	na-to'-ndee yo'
That's all right	**Eloko te**
	eh-lo'-ko te'

Vegetables (ndunda)

beans	**madesu/nkunde**
	ma-deh'-soo/nkoo'-ndeh
cabbage	**su/chou**
	soo'/soo
carrot	**karoti**
	ka-ro-tee
cassava	**nsongo**
	nso-ngo'
cassava leaf	**mpondu**
	mpo'-ndoo'
eggplant, aubergine	**ngungutu**
	n-goo-ngoo-too
onions	**litungulu**
	lee-too-ngoo'-loo
(sweet) potatoes	**mbala**
	m-ba'-la'
rice	**loso**
	loh'-soh'

tomatoes	**tomati**
	toh-ma-tee
yams	**ekeke/esapa**
	eh-ke-ke/eh-sa'-pa

Condiments and Soups (makenzu na supu)

garlic	**litungulu ngenge**
	lee-too-ngoo-loo n-ge-nge
oil	**mafuta**
	ma-foo'-ta
pepper	**pilipili**
	pee'-lee-pee'-lee
salt	**mongwa**
	moh'-ngwa
stew	**supu ya nyama (ragoût)**
	soo-poo ya nya-ma (ra-goo)
tomato sauce	**supu ya tomati**
	soo-poo ya toh-ma-tee
vegetable soup	**supu ya ndunda**
	soo-poo ya n-doo'-nda

This is too salty	**Mongwa mingi**
	moh'-ngwa mee'-ngee
There is no salt in it	**Mongwa ezangi**
	moh'-ngwa eh-za'-ngee

Fruits (mbuma)

bananas	**ntela, (pl.) mintela**
	mee-nteh'-la
grapefruit	**pamplemoussi**
	pa-mple-moo'-see
mango	**manga**
	ma'-nga'
orange	**lilala, (pl.) malala**
	lee-la'-la
papaya/pawpaw	**papayi**
	pa-pa-yee
pear	**avoka**
	a-vo-ka
pineapple	**ananasi**
	a-na-na'-see

The bill/check, please	**Facture, soki olingi**
	fak-tee-re, so'-kee' oh-lee-ngee
Here is a tip	**Oyo matabisi**
	oh'-yoh ma-ta-bee'-see

DRINKING

(komele masanga)

in the pub/bar	**na kati ya bar**
	na ka-tee ya ba-a-r
a drink	**masanga**
	ma-sa-nga
What would you like to drink?	**Olingi komele nini?**
	oh-lee-ngee' koh-me-le nee'-nee
I'd like...	**Nalingi...**
	na-lee-ngee'
a glass of beer	**kopo ya masanga**
	ko'-po ya ma-sa-nga
a bottle of beer	**molangi ya masanga**
	moh-la-ngee ya ma-sa-nga
a pineapple juice	**mai ya ananasi**
	ma'-ee ya a-na-na'-see
spirits	**masanga ma moto**
	ma-sa-nga ya mo'-to
a whisky	**wiski**
	wee-skee
with water/ice/soda	**na mai/glace/soda**
	na ma'-ee/glas/so-da
a gin and tonic	**gin-tonik**
	geen-to-neek
with lemon	**na ndimo**
	na n-dee'-moh
To your health!	**Na bokolongono na yo!**
	na boh-koh'-loh'-ngoh'-noh' na yo'
Would you like another beer?	**Olingi masanga lisusu?**
	oh-lee-ngee' ma-sa-nga lee-soo'-soo
One for the road	**Moko mpo na nzela**
	mo'-ko' mpoh' na n-zeh-la'
OK!	**Nandimi!**
	na-ndee'-mee
It does not matter	**Likambo te**
	lee-ka-mboh te'
Give me two bottles of beer, please	**Pesa ngai milangi mibale ya masanga, soki olingi**
	pe'-sa' n-ga'-ee' mee-la-ngee mee'-ba-leh' ya ma-sa-nga, so'-kee' oh-lee-ngee
The same again	**Lolenge ya liboso/Lokola liboso**
	loh-le'-nge' ya lee-boh-soh'/ loh-koh'-la lee-boh-soh'
Would you like a cigarette?	**Olingi likaya?**
	oh-lee-ngee' lee-ka'-ya'

He is drunk	**Amelaki/Alangwei** a-me-la'-kee'/a-la-ngweh'-ee
He is sober	**Alangwei te** a-la-ngweh'-ee te'
Have a drink	**Mele kopo ya masanga** me-le ko'-po ya ma-sa-nga

Do you've any local
  drinks?
	**Ozali na masanga ya
	  esika?**
	oh-za-lee na ma-sa-nga ya eh-see'-ka'

palm wine	**nsamba** nsa'-mba'
ginger juice	**mai ya tangawizi** ma'-ee ya ta-nga-wee-zee
The bill/check, please	**Facture, soki olingi** fak-tee-re, so'-kee' oh-lee-ngee
Where is the toilet?	**Kabine ezali wapi?** ka-bee-ne' eh-za-lee wa'-pee
I have a hangover	**Nazali na bolozi ya moto** na-za-lee na boh-loh'-zee ya moh-toh'

HEALTH

(bokolongono)

Parts of the Body

ankle	**likelengiye** lee-ke-le-ngee-ye
arm	**loboko** loh-bo'-ko
back	**mokongo** moh-ko-ngo
breast	**libele,** (pl.) **mabele** lee-be'-le
cheek	**litama** lee-ta'-ma
chest	**ntolu** nto'-loo
chin	**ebeku** eh-beh-koo'
ear	**litoi,** (pl.) **matoi** lee-to'-ee
eye	**liso,** (pl.) **miso** lee'-soh
face	**elongi** eh-loh-ngee
finger	**monsai/mosapi** moh-nsa-ee/moh-sa-pee
forehead	**boso** boh-soh'
hair	**nsuki/nswei** nsoo-kee/nsweh-ee
hand	**loboko** loh-bo'-ko
hip	**loketo** loh-keh-toh
intestine/bowel	**mosopo** moh-soh-poh'
head	**motu/moto** moh-too'/moh-toh'
knee	**libongo** lee-bo'-ngo'
leg	**lokolo,** (pl.) **makolo** loh-koh-loh
mouth	**monoko** moh-no-ko
nose	**zolo,** (pl.) **molo** zoh'-loh
shoulder	**libeke** lee-be-ke

stomach/belly	**libumu** lee-boo-moo
thigh	**ebelo** eh-beh-loh
throat	**mongongo** moh-ngoh'-ngoh'
tooth, (pl.) teeth	**lino, (pl.) mino** lee'-noh
I'm ill/sick	**Nazali kobela/maladi** na-za-lee koh-be'-la/ma-la'-dee **Nazali na bokono** na-za-lee na boh-ko-no
Is there a doctor here?	**Monganga ezali awa?** moh'-nga-nga eh-za=lee a'-wa
What's the matter?	**Ozali na nini?** oh-za-lee na nee'-nee **Likambo nini?** lee-ka-mboh nee'-nee
I've a cold	**Nazali na moyoyo** na-za-lee na moh-yo-o
I've a pain...	**Nazali koyoka pasi...** na-za-lee koh-yoh'-ka pa'-see
in my head	**na moto** na moh-toh'
in my stomach	**na libumu** na lee-boo-moo
here	**awa** a'-wa
I've a toothache	**Lino ezali kosala ngai pasi** lee'-noh eh-za-lee koh-sa'-la n-ga'-ee pa'-see
I feel weak	**Nayoki ngala/nguya te** na-yoh'-kee n-ga-la/n-goo'-ya' te'
I've broken my glasses	**Napaswani talatala ya ngai** na-pa-swa-nee ta-la-ta'-la ya n-ga'-ee
I have...	**Nazali na...** na-za-lee na
a swelling	**litutu** lee-too'-too'
a wound	**mpota** mpoh'-ta'
Take this medicine	**Mele nkisi/mono oyo** me-le' nkee'-see/mo-noh' oh'-yoh
You need a rest	**Ozangi bopemi** oh-za'-ngee boh-peh'-mee **Ebongi opema** eh-bo-ngee oh'-peh'-ma
Don't travel	**Kobemba te** koh-beh'-mba te'

Is there a drugstore nearby?	**Magazini ma mino/farmasi ezali penepene awa?** ma-ga-zee-nee ma mee-no'/far-ma-see eh-za-lee pe-ne-pe-ne a'-wa
I want something for...	**Nalingi mono/nkisi ya...** na-lee-ngee mo-no'/nkee'-see ya
a cold	**moyoyo** moh-yo-yo
a headache	**mpasi ya motu** mpa'-see ya moh-too'

RELIGIOUS SERVICES

(losambo la bokumisi
mowela Nzambe)

Is there a church near
here?

**Ndako-Nzambe ezali penepene
awa?**
n-da'-koh n-za'-mbeh eh-za-lee'
pe-ne-pe-ne a'-wa?

Congo and Zaire are christian countries. The majority of Muslims
there are foreigners. The churches frequently hold services
in Lingala when and where appropriate.

God
Nzambe
n-za'-mbeh

religion
mambi ma Nzambe
ma-mbee' ma n-za'-mbeh

Christian
mokristu
moh-kree'-stoo

Muslim (Moslem)
musulima
moo-soo-lee-ma

church, chapel
ndako-Nzambe
n-da'-koh n-za'-mbeh

mosque
mosiki
mo-see-kee

Catholic church
Ndako-Nzambe ya Mupe
n-da'-koh n-za'-mbeh ya moo-peh

Protestant church
Ndako-Nzambe ya Misioni
n-da'-koh n-za'-mbeh ya mee-see-oh-nee

priest, father, minister
sango, nganga-Nzambe
sa'-ngoh', n-ga-nga n-za'-mbeh

activity
mosala, (pl.) **misala**
moh-sa'-la

mass
misa
mee'-sa

confession
bosakoli masumu
koh-sa-koh-la ma-soo'-moo

I'd like to speak to a
priest
**Nalingi koloba na sango
moko**
na-lee-ngee koh-loh-ba na sa'-ngoh'
mo'-ko'

What time is the service?
**Losambo la bokumisi ekozala na
ntango nini?**
loh-sa'-mboh la boh-koo'-mee-see
eh-koh-za-la na nta'-ngoh nee'-nee

TRAVELING AROUND

(kolekaleka o ekolo)

travel	**mobembo** moh-beh'-mboh
luqqaqe/baqqaqe	**biloko** bee-lo'-ko
map (road)	**kalati ya nzela** ka'-la-tee ya n-zeh-la'
porter	**momemi** moh-me-mee
bicycle	**velo, nkinga, opedale** veh-loh', nkee'-nga, oh-peh-da-leh

Taxi (takisi)

Call a taxi, please	**Benga takisi, palado** beh'-nga' ta-kee-see', pa-la-do'
Drive me to...	**Meme ngai na...** me-me n-ga'-ee' na
How much?	**Motuya/ntalo boni?** moh-too'-ya/nta'-loh boh'-nee'
How far is it to...?	**Ntaka nini kokende...** nta'-ka' nee'-nee koh-ke-nde
Go straight ahead	**Kende semba** ke-nde' seh'-mba
Turn left here	**Kende na loboko ya/la mwasi awa** ke-nde' na loh-bo-ko ya mwa'-see a'-wa
Turn right there	**Kende na loboko ya/la mobali kuna** ke-nde' na loh-bo-ko ya moh-ba'-lee koo'-na
Please stop here	**Teleme awa, palado** te'-le'-me' a'-wa pa-la-do'
Bring out my bags	**Bimisa biloko bya ngai** bee'-mee-sa bee-lo'-ko bya n-ga'-ee'

Train (engbunduka)

Take me to the railroad
  station
	**Meme ngai o loteme ya
	  engbunduka**
	me-me' n-ga'-ee' oh loh-te'-me
	ya eh-ngboo-ndoo-ka

Where is the...?	**...ezali wapi?** ...eh-za-lee wa'-pee
booking/ticket office	**bilo ya tike** bee-loh ya tee-ke'

information	**bilo ya boyebisi** bee-loh ya boh-yeh'-bee-si
platform 3	**libongo 3** lee-boh'-ngoh' ya mee'-sa'-toh
waiting room	**esika ya kozila** eh-see'-ka' ya koh-zee-la
I want a ticket to Pointe Noire	**Nalingi tike konkende (na)** **Pointe Noire** na-lee-ngee tee-ke' koh-ke-nde na pwe-nte nwa-re
When is the...train? to Matadi?	**Engbunduka...ekokende Matadi** **eleko nini?** eh-ngboo-ndoo-ka...eh-koh-ke-nde ma-ta'-dee eh-leh-koh nee'-nee
first/next/last	**ya ebandela/boyei/ya nsuka** ya eh-ba-ndeh'-la/boh-yeh'-ee/ya nsoo'-ka

---

There are railroad lines which link the coastal areas with
Brazzaville (Congo) and Kinshasa (Zaire), both capital cities
are in the interior.

Does the train stop at...?	**Engbunduka etelemaka** **na...?** eh-ngboo-ndoo-ka eh-te'-le-ma-ka na
Where are we now?	**Tozali wapi sikoyo?** toh-za-lee wa'-pee see-koh'-yoh
What is the name of this station?	**Nkombo ya loteme oyo/loye** **nini?** nkoh'-mboh' ya loh-te'-me oh'-yoh/ loh'-yeh nee'-nee
May I open/close the window?	**Nakoki kokangola/kokanga** **lininisa?** na-koh-kee koh-ka-ngoh-la/koh-ka-nga lee-nee-nee-sa
When does it arrive?	**Ekokoma ntango nini?** eh-koh-koh'-ma nta'-ngoh nee'-nee
Porter, take this bag	**Momemi, kamata saki oyo** moh-me-mee, ka-ma-ta' sa'-kee oh'-yoh

Plane (pepo)

Taxi, please	**Takisi, palado** ta-kee-see', pa-la-do'
Take me to the airport	**Meme ngai o libanda ya pepo** me-me' n-ga'-ee' oh lee-ba'-nda' ya peh'-poh

I'd like a ticket to...	**Nalingi tike kokende...** na-lee-ngee tee-ke' koh-ke-nde
What is the fare for...?	**Ntalo ezali boni ya...?** nta'-loh eh-za-lee boh'-nee' ya
one-way/single	**kokende** koh-ke-nde
roundtrip/return	**kokende na kozonga** koh-ke-nde na koh-zoh'-nga
What's the flight number?	**Motango ya pepo boni?** moh-ta'-ngoh ya peh'-poh boh'-nee'
What time does the plane take off?	**Pepo ekopumbwa ntango nini?** peh'-poh eh-koh-poo-mbwa nta'-ngoh nee'-nee
When does it land?	**Ekokita ntango nini?** eh-koh-kee-ta nta'-ngoh nee'-nee
There is the runway	**Nzela ya pepo kuna** n-ze-la' ya peh'-poh koo'-na'
We have arrived	**Tokomi** toh-koh'-mee
I came by plane	**Nayaki na pepo** na-ya'-kee na peh'-poh

Boat (masuwa)

How do I get to the port from here?	**Nakokomela libongo ndenge nini kolongwa awa?** na-koh-koh'-meh-la lee-boh'-ngoh' n-de'-ge' nee'-nee koh-loh-ngwa a'-wa
I want a ticket to...	**Nalingi tike kokende...** na-lee-ngee tee-ke' koh-ke-nde
Here is my passport	**Oyo epesa nzela ya ngai** oh'-yoh eh-pe'-sa n-zee-la' ya n-ga'-ee'
What time does the boat sail?	**Masuwa ekolongwa ntango nini?** ma-soo'-wa eh-koh-loh-ngwa nta'-ngoh nee'-nee
What time do we land?	**Tokoseme ntango nini?** toh-koh-se'-me nta'-ngoh nee'-nee

Bus (otobisi)

Where is the bus station?	**Loteme ya/la otobisi ezali wapi?** loh-te'-me ya oh-toh-bee-see eh-za-lee wa'-pee
When is the bus to...?	**Otobisi ekokende...eleko nini?** oh-toh-bee-see eh-koh-ke-nde eh-leh-koh nee'-nee

Who is the driver?	**Nani sofele?**
	na'-nee soh-feh'-leh
How much is the fare?	**Ntalo ezali boni?**
	nta'-loh eh-za-lee boh'-nee'
I want to get off at...	**Nalingi kokita na...**
	na-lee-ngee koh-kee-ta na
My suitcase, please	**Valizi ya ngai, palado**
	va-lee'-see ya n-ga'-ee', pa-la-do'

Car Rental/Hire (bofuteli motuka)

driving a car	**kotambwisa motuka**
	koh-ta'-mbwee-sa moh'-too-ka
I'd like to hire a car	**Nalingi kofutela motuka**
	na-lee-ngee koh-foo'-teh-la
	moh'-too-ka
What's the charge per...?	**Ntalo ezali boni na...?**
	nta'-loh eh-za-lee boh'-nee' na
day/week	**mokolo/poso**
	moh-ko-lo/po'-so
What documents do I need?	**Ebongi nazwa mikanda nini?**
	eh-bo-ngee na'-zwa mee-ka-nda'
	nee'-nee
Please check the...	**Palado tala...**
	pa-la-do' ta'-la'
water/oil	**mai/mafuta**
	ma'-ee/ma-foo'-ta
Please fix this flat	**Palado bamba**
tire/mend this puncture	**krevezon/botubi oyo**
	pa-la-do' ba-mba' kre-ve-zon/
	boh-too'-bee oh'-yoh
Drive carefully	**Tambwisaka na bokebi**
	ta'-mbwee-sa'-ka' na boh-keh'-bee
Drive slowly	**Tambwisaka malembe**
	ta'-mbwee-sa'-ka' ma-le'-mbe

Sightseeing (botali mboka)

Is there anything to see	**Eloko moko ezali zongazonga awa**
around here?	**mpo na kotala?**
	eh-lo'-ko mo'-ko' eh-za-lee
	zoh'-nga-zoh'-nga a'-wa mpoh' na
	koh-ta'-la
Where is/are the...?	**...ezali wapi?**
	...eh-za-lee wa'-pee
botanical gardens	**lisala ya mbe/fulele**
	lee-sa'-la' ya m-be/foo-le-le

cathedral	**ndako-Nzambe monene** n-da'-koh n-za'mbeh moh-ne'-ne
dam	**nduka** n-doo-ka
museum	**ndako ya ntoki** n-da'-koh ya nto'-kee
people's palace	**ndako ya bato** n-da'-koh ya ba-toh
sanctuary	**bisambelelo** bee-sa'-mbeh-leh-loh
waterfall	**meta/boeta** meh-ta/boh-eh-ta
At what time does it open/close?	**Bakofungola/bakofunga...ntango nini?** ba-koh-foo-ngoh-la/ba-koh-foo'-nga nta'-ngoh nee'-nee
Is there a guide?	**Mokambi wa botali ezali wana?** moh-ka-mbee wa boh-ta'-lee eh-za-lee wa'-a-na'
I want to visit the park/zoo	**Nalingi kotala etuka ya banyama bya zamba** na-lee-ngee koh-ta'-la eh-too-ka ya ba-nya-ma bya za'-mba
What types of animals may be seen there?	**Tokoki komono ndenge nini ya banyama kuna?** toh-koh-kee koh-mo'-no n-de'-nge' nee'-nee ya ba-nya-ma koo'-na'
baboon	**mboma** m-bo-ma
buffalo	**nzale/mpakasa** n-za'-leh/mpa-ka'-sa'
chimpanzee	**mokomboso** moh-koh'-mboh'-soh'
crocodile	**nkoli/ngando** nko'-lee/n-ga-ndo'
elephant	**nzoku** n-zo-koo
giraffe	**zirafe** zee-ra-fe
hyena	**yene** ye-ne
hippopotamus	**ngubu** n-goo-boo'
leopard	**nkoi** nko-ee
lion	**nkosi/ebobo** nko'-see/eh-bo-bo
monkey	**makako/mpunga** ma-ka'-koh/mpoo-nga
python/boa	**nguma** n-goo'-ma

wild boar	**lingongo** lee-ngoh-ngoh
zebra	**godu** go-doo

Camping (nganda/molako)

in the countryside	**na mboka ya zamba** na mboh'-ka ya za'-mba
Where can we hire...?	**Wapi tokoki kofutela...?** wa'-pee toh-koh-kee koh-foo-teh-la
campbed	**mbeto ya molako** m-be'-toh ya moh-la'-koh
tent	**ema** eh'-ma
Can we camp here?	**Tokoki kobete molako awa?** toh-koh-kee koh-be'-te moh-la'-koh a'-wa
It's nice and quiet here	**Awa ezali kitoko na nye** a'-wa eh-za-lee kee-to'-ko na nye
Look at the...	**Tala...** ta'-la
cocoa trees	**miete mya kakao** mee-eh-teh' mya ka-ka-oh
farmers	**bato bwa bilanga** ba-toh bwa bee-la-nga
meadow	**esobe** eh-soh'-beh'
hills	**ngomba** n-goh'-mba'

beautiful	**kitoko** kee-to'-ko
interesting	**esepelisa** eh-seh-peh-lee-sa
strange	**ya mopaya** ya moh-pa-ya
superb	**kolongono** koh'-loh'-ngoh'-noh'
terrifying	**nsomo** nso'-mo
tremendous, enormous	**ebuki** eh-boo-kee
wonderful	**ekamwisi** eh-ka'-mwee-see

RECREATION

(lisano)

Sports (masano)

Where is the stadium? | **Libanda ya masano/stade ezali wapi?**
lee-ba'-nda' ya ma-sa-noh/sta-de eh-za-lee wa'-pee

I'd like to see the football match this Sunday | **Nalingi kotala lisano ya bale na eyenga oyo**
na-lee-ngee koh-ta'-la lee-sa-noh ya ba'-leh' na eh-ya-nga oh'-yoh

Who's playing? | **Nani akosana ye?**
na'-nee a-koh-sa-na yeh'

Who will win? | **Nani akolonga?**
na'-nee a-koh-la'-nga

It's hard to tell | **Koloba ezali mpasi**
koh-loh-ba eh-za-lee mpa'-see

It will be a draw | **Ekozala makalekale**
eh-koh-za-la ma-ka-le-ka-le

How much are the tickets? | **Tike ezali ntalo boni?**
tee-ke' eh-za-lee nta'-loh boh'-nee'

Is there a golf course nearby? | **Esika ya kosana golf ezali penepene awa?**
eh-see'-ka' ya koh-sa-na golf eh-za-lee pe-ne-pe-ne a'-wa

What were you doing? | **Bozalaki kosala nini?**
boh-za-la'-kee' koh-sa'-la nee'-nee

We were playing golf | **Tozalaki kosana golf**
toh-za-la'-kee' koh-sa-na golf

Where's the tennis court? | **Esika ya kosana tennis ezali wapi?**
eh-see'-ka' ya koh-sa-na te-nis eh-za-lee wa'-pee

Can I rent rackets? | **Nakoki kofutela raquettes?**
na-koh-kee koh-foo-teh-la ra-ke-te

I'd like to see a...match | **Nalingi kotala lisano ya...**
na-lee-ngee' koh-ta'-la lee-sa-noh ya

  wrestling | **pongo/catch**
poh-ngoh/katz

  boxing | **bibotu**
bee-boh-too

  basketball | **basket(-ball)**
basket(bol)

Can you swim? | **Okoki kobete mai?**
oh-koh-kee koh-be'-te ma'-ee

Is there a swimming pool near here?

Piscine ezali penepene awa?
pee-seen eh-za-lee pe-ne-pe-ne a'-wa

When is the bicycle race?

Mopota/course ya nkinga ekozala na mokolo nini?
moh-poh'-ta'/koor-se ya nkee'-nga eh-koh zala na moh ko lo nee' nee

Is there a racecourse near Kinshasa?

Esika ya mopota ya farasa ezali penepene ya Kinshasa?
eh-see'-ka' ya moh-poh'-ta' ya fa-ra'-sa eh-za-lee pe-ne-pe-ne ya kee-nsa-sa

When are the races?

Mapota/courses ekozala na mokolo nini?
ma-poh'-ta'/koor-se eh-koh-za-la na moh-ko-lo nee'-nee

Movies and Nightclubs (sinema na bar ya bobina)

What time does...open?

Bakofungola...ntango nini?
ba-koh-foo-ngoh-la nta'-ngoh nee'-nee

  the movie theater

sinema
see-neh-ma'

  the nightclub

bar ya bobina
ba-a-r ya boh-bee-na

  the theater

theatre
teh-a-tr

I'd like to go see a...

Nalingi kokende komono...
na-lee-nge koh-ke-nde koh-mo'-noh

  film/movie

foto ya sinema
foh-toh' ya see-neh-ma'

  play

lisano ya theatre
lee-sa-noh ya teh-a-tr

We'd like to visit a nightclub

Tolingi kotala bar ya bobina
toh-lee-ngee koh-ta'-la ba-a-r ya boh-bee'-na

Is there a discotheque in town?

Discotheque ezali awa na vili/belesi?
dee-sko-tek eh-za-lee a'-wa na vee-lee/be'-le-see

We're going to dance tonight

Lelo na mpokwa tokobina
le-lo' na mpoh'-kwa toh-koh-bee'-na

How much is it?

Ntalo ezali boni?
nta'-loh eh-za-lee boh'-nee'

Do you've a program?

Ozali na nsango ya masano?
oh-za-lee na nsa-ngoh ya ma-sa-noh

I need two tickets

Nalingi tike mibale
na-lee-ngee' tee-ke' mee'-ba-leh'

Where's the toilet?	**Kabine ezali wapi?** ka-bee-ne' eh-za-lee wa'-pee
There was a good show last night	**Na butu masano malamu ezalaki** na boo-too' ma-sa-noh ma-la'-moo eh-za-la'-kee'
It was terrible	**Ezalaki nsomo** eh-za-la'-kee nso'-mo

Music - Concert (miziki)

Where's the concert hall?	**Ndako ya ngombi ezali wapi?** n-da'-koh ya n-goh-mbee eh-za-lee wa'-pee
I'd like to go to a concert	**Nalingi kokende na ngombi** na-lee-ngee' koh-ke-nde na n-goh-mbee
What band (orchestra) is playing?	**Lingomba nini ekosana?** lee-ngoh'-mba' nee'-nee eh-koh-sana
I like...	**Nalingi...** na-lee-ngee'
folk dancing	**bobina ya bankoko** boh-bee-na ya ba-nko-ko
concert	**ngombi** n-goh-mbee
He's playing the...well	**Azali kobete...malamu** a-za-lee koh-be'-te ma-la'-moo
musical instruments	**ekembe** eh-keh-mbeh'
accordion, guitar	**lindanda** lee-nda'-nda
tamtam	**mokoto, mbonda** moh-koh'-toh', m-boh-nda
trumpet, flute	**mondule** moh-ndoo'-leh
whistle	**fiololo** fee-oh'-loh'-loh'
Who's singing?	**Nani moyembi?** na'-nee moh-yeh'-mbee
He's a good singer (or player)	**Azali moyembi malamu (to mosani).** a-za-lee moh-yeh'-mbee ma-la'-moo (toh-oh moh-sa-nee)
That's a nice song	**Loyembo ezali kitoko** loh-yeh'-boh eh-za-lee kee-to'-ko
Who's dancing?	**Nani mobini?** na'-nee moh-bee-nee

That girl is a fine dancer	**Mwasi oyo azali mobini malamu**
	mwa'-see oh'-yoh a-za-lee moh-bee-nee ma-la'-moo
Bravo!	**Esako!**
	eh-sa'-koh
The music was fine/average	**Miziki ezalaki malamu/malamu moke**
	mee-zee-kee eh-za-la'-kee' ma-la'-moo (moh-ke')
It was sweet music	**Miziki ezalaki elengi**
	mee-zee-kee eh-za-la'-kee' eh-le-ngee
I didn't enjoy it	**Nasepelaki na yango te**
	na-seh-peh-la'-kee' na ya-ngoh' te'

Fishing (kolobo/koboma mbisi)

I went fishing with...	**Nakendeki kolobo mpe...ya kolobo**
	na-ke-nde'-kee' koh-lo'-bo mpeh... ya koh-lo'-bo
fishing rod/line/hook	**lingenda/mbengo/ndobo**
	lee-nge'-nda/m-be-ngo/n-do'-bo
net	**monyama**
	moh-nya'-ma'
bait	**motambo**
	moh-ta'-mboh
waders	**ekoto**
	eh-koh'-toh'
How is the fishing here?	**Boni kolobo awa?**
	boh'-nee' koh-lo'-bo a'-wa
It is good/bad	**Malamu/mabe**
	ma-la'-moo/ma-beh'
I caught plenty of fish	**Nabomaki ebele ya mbisi**
	na-boh'-ma'-kee' eh-beh-leh' ya m-bee'-see
I didn't catch a thing	**Nabomaki eloko te**
	na-boh'-ma'-kee' eh-lo'-ko te'
Can I fish in this river?	**Nakoki kolobo na ebale oyo/eye?**
	na-koh-kee koh-lo'-bo na eh-ba-leh oh'-yoh/eh'-yeh
Fisherman, what's the name of this fish?	**Pesele, nkombo ya mbisi oyo/eye nini?**
	peh-seh'-leh, nkoh'-mboh' ya m-bee'-see oh'-yoh nee'-nee
worm/worms	**monkusu/minkusu**
	moh-nkoo-soo/mee-nkoo-soo
fly/flies	**mokangi/mikangi**
	moh-ka'-ngee/mee-ka'-ngee

Beach (libongo)

Where is the beach?	**Libongo/beach ezali wapi?**
	lee-boh'-ngoh' eh-za-lee wa'-pee
It's down there	**Ezali kuna**
	eh-za-lee koo'-na'
Is it far?	**Ezali mosika?**
	eh-za-lee moh-see'-ka'
Yes, it's two kilometers	**Iyo, ezali kilometele mibale**
	ee'-yoh, eh-za-lee kee-loh-me'-te-le
	mee'-ba-leh'
How did you get here?	**Oyaki awa ndenge nini?**
	oh-ya'-kee' a'-wa n-de'-nge' nee'-nee
I took a shortcut	**Nakamataki nzela mokuse**
	na-ka-ma-ta'-kee' n-zeh-la'
	moh-koo'-seh'
calm/rough	**nye/kilikili**
	nye/kee'-lee'-kee-lee
canoe	**bwato**
	bwa'-toh
coast	**mopanzi**
	moh-pa-nzee'
lake	**etima**
	eh-tee'-ma'
motorboat	**masuwa ya motele**
	ma-soo'-wa ya moh-te'-le
river	**ebale**
	eh-ba-leh
rocky	**mabanga**
	ma-ba'-nga'
rowboat	**masuwa ya nkai**
	ma-soo'-wa ya nka-ee
sailboat	**masuwa ya ngabuni**
	ma-soo'-wa ya n-ga-boo-nee
sandy	**zelo, (pl.) melo**
	zeh'-loh
sunset	**eloli**
	eh-lo-lee
surfboard	**libaya (ya kotambwisa na mbonge)**
	lee-ba'-ya' wa koh-ta'-mbwee-sa
	na m-bo-nge
waves	**mbonge**
	m-bo-nge
wind	**mopepe**
	moh-pe-pe
The sea is too cold for swimming	**Mbu ekomi mpio mingi mpo na konyanya**
	m-boo' eh-koh'-mee mpee'-oh mee'-ngee mpoh' na koh-nya-nya

The tide is high   **Mai ezali monano**
                                    ma'-ee eh-za-lee moh-na-noh
Is it deep?   **Ezali mozinda?**
                                    eh-za-lee moh-zee-nda
Is there a lifeguard?   **Soda wa kobikisa ezali wana?**
                                    so-da' wa koh-bee'-kee-sa eh-za-lee
                                       wa'-na'

Hunting (bobengi-nyama/bokila)

I'd like to go hunting   **Nalingi kokende bokila**
                                    na-lee-ngee' koh-ke-nde boh-kee-la
Can I hire a rifle?   **Nakoki kofutela bondoki?**
                                    na-koh-kee koh-foo-teh-la
                                       boh-ndoh'-kee
Are there...?   **...bazali kuna?**
                                    ...ba-za-lee koo'-na'
  antelopes   **mbuli, mboloko**
                                    m-boo-lee, m-boh'-loh'-koh'
  bats   **longembu**
                                    loh-ngeh-mboo'
  foxes   **gambala**
                                    ga-mba-la
  pheasants   **lokulokoko**
                                    loh-koo'-loh-koh-koh
  rabbits   **nsimbiliki**
                                    nsee'-mbee-lee-kee'
Do you go hunting with   **Bokendaka bokila na**
  dogs?   **mbwa?**
                                    boh-ke-nda-ka boh-kee-la na mbwa'

Indoor Games (masano na kati ya ndako)

I'd like to play checkers   **Nalingi kosana lisano ya dama**
                                    na-lee-ngee koh-sa-na lee-sa-noh
                                       ya da-ma
He's playing cards   **Azali kobete bakalati**
                                    a-za-lee koh-be'-te ba-ka'-la-tee
  hearts   **coeur**
                                    ker
  diamonds   **carreau**
                                    ka-ro
  spades   **pique**
                                    peek
  clubs   **trefle**
                                    tre-fl
  the jack   **valet**
                                    va-le

the queen	**reine** ren
Do you play chess?	**Obetaka lisano ya echecs?** oh-be'-ta-ka lee-sa-noh ya eh-sek
pawn	**pion** pyo
the bishop	**padri** pa-dree
the knight	**cavalier** ka-va-lye
the king	**roi** rwa
Can we play a local game?	**Tokoki kosana lisano ya esika?** toh-koh-kee koh-sa-na lee-sa-noh ya eh-see'-ka'

SHOPPING

(bisombasomba)

Excuse me	**Limbisa ngai** ~~lee-mbee-sa n-ga'-ee'~~
Is there a...nearby?	**...ezali penepene awa?** ...eh-za-lee pe-ne-pe-ne a'-wa
antique shop	**butiki ya kala** boo-tee-kee ya ka-la'
clothes shop	**butiki ya bilamba** boo-tee-kee ya bee-la-mba'
photo shop	**butiki ya kobete foto** boo-tee-kee ya koh-be'-te foh-toh'
supermarket	**butiki ya zando monene** boo-tee-kee ya za'-ndoh moh-ne'-ne
buying things	**kosomba biloko** koh-soh'-mba bee-lo'-ko
How much (is it)?] What price is it?]	**Ntalo ezali boni?** nta'-loh eh-za-lee boh'-nee'
It's...	**Oyo...** oh'-yoh
2.000 francs	**falanga/makuta nkoto mibale** fa-la'-nga/ma-koo'-ta nkoh'-toh' mee'-ba-leh'
I don't understand	**Nayoki te** na-yoh'-kee ma-la'-moo te'
Please write it down	**Komela ngai yango, palado** koh-meh'-la' n-ga'-ee' ya-ngoh', pa-la-do'
It's expensive	**Oyo ntalo mingi** oh'-yoh nta'-loh mee-ngee
Could you reduce it?	**Okoki kobunola yango?** oh-koh-kee koh-boo'-noh-la ya-ngoh'
Give me something else	**Pesa ngai biloko mosusu** pe'-sa' n-ga'-ee' bee-lo'-ko moh-soo'-soo
Show me another one	**Lakisa ngai biloko mosusu** la-kee-sa' n-ga'-ee' bee-lo'-ko moh-soo'-soo
I don't like this one	**Nalingi yango te** na-lee-ngee' ya-ngoh' te'
I prefer this one	**Naluli moko oyo** na-loo'-lee mo'-ko' oh'-yoh

I don't like the color
  of it
	**Nalingi langi ya
	   yango te**
	na-lee-ngee' la'-ngee ya ya-ngoh' te'

I prefer it in...	**Naponi yango na...** na-po-nee ya-ngoh' na
black	**langi loyindo, moyindo** la'-ngee loh-yee'-ndoh, moh-yee'-ndoh
blue	**langi la likolo, bulo** la'-ngee la lee-koh-loh', boo-loh
bright, light	**saa, motane** sa-a, moh-ta'-neh'
green	**langi la nkasa, mobesu** la'-ngee la nka'-sa', moh-beh'-soo
brown	**langi la kafe/kawa** la'-ngee la ka-feh/ka'-wa
gray	**mbwi** m-bwee'
red	**ngola** n-goh'-la
white	**mpembe** mpe'-mbe'
yellow	**so, mosuku** soh, moh-soo'-koo'
I want a...size	**Nalingi lomeko/motango...** na-lee-ngee' loh-meh-koh/moh-ta' -ngoh
larger/smaller	**monene/moke** moh-ne'-ne/moh-ke'
Can I try it on?	**Nakoki komeka yango na nzoto?** na-koh-kee koh-meh-ka ya-ngoh' na n-zoh'-toh

You received a good
  bargain there
	**Ozwaki okazyon
	  wana**
	oh-zwa'-kee' o-ka-zyon wa'-na'
	Ozwaki mokakola malamu wana
	oh-zwa'-kee' moh-ka'-koh-la ma-la'-moo
	wa'-na'

I'd like film for this
  camera
	**Nalingi pellicule ya kamera
	  oyo**
	na-lee-ngee' peh-lee-keel ya
	ka-meh-ra oh'-yoh

I'll take it	**Nakokamata yango** na-koh-ka-ma-ta ya-ngoh'

Record Shop (butiki ya disques)

I'd like a cassette of folk music	**Nalingi cassette ya miziki ya ekolo** na-lee-ngee' ka-set ya mee-zee-kee ya eh-ko'-lo

Can I listen to this
  record?
	**Nakoki koyoka diski
	  oyo?**
	na-koh-kee koh-yoh'-ka dee-skee oh'-yoh

Souvenirs (biloko bya ekundoleli)

Where's a souvenir shop?	**Butiki ya biloko bya ekundoleli ezali wapi?**
	boo-tee-kee ya bee-lo'-ko bya eh-koo-ndoh-leh-lee eh-za-lee wa'-pee
I want something in...	**Nalingi eloko moko ya...**
	na-lee-ngee' eh-lo'-ko mo'-ko' ya
copper	**mitako/kwivre/shaba**
	mee-ta-koh/kwee-vr/sha-ba
ivory carving	**motende ya pembe**
	moh-te-ndeh ya pe-mbe
leather	**kwire, loposo ya nyama**
	kwee-re, loh-poh-soh ya nya-ma
precious stones	**mabanga ya motuya**
	ma-ba'-nga' ya moh-too'-ya
straw	**ndele**
	n-deh-leh
wood carving	**motende ya nzete**
	moh-te-ndeh ya n-zeh-teh'

Souvenir shops or stalls are scattered everywhere in town. You
will find goods on display in front of hotels and post offices.
There are carved wooden and ivory statuettes, precious stones,
leather goods, copper pictures, trays, and paintings.

Father has bought a copper tray	**Papa asombi sani ya kwivre**
	pa-pa' a-soh'-mbee sa'-nee ya kwee-vre
Mother bought a straw basket yesterday	**Mama asombaki ekolo ya ndele lobi**
	ma-ma' a-soh'-mba'-kee' eh-ko-lo' ya n-deh-leh loh'-bee
I'm going to buy something now	**Nasomba eloko moko**
	na-soh'-mba eh-lo'-ko mo'-ko'
I'll buy something tomorrow	**Nakosomba eloko moko lobi**
	na-koh-soh'-mba eh-lo'-ko mo'-ko' loh'-bee
What did you buy?	**Osombaki nini?**
	oh-soh'-mba'-kee' nee'-nee
Nothing	**Eloko te**
	eh-lo'-ko te'

COUNTRIES IN CENTRAL AFRICA

Angola
Burundi
Cameroon
Central African Republic
Chad
Congo
Equatorial Guinea
Gabon
Rwanda
São Tomê e Principe
Zaire

CAPITAL TOWNS

Luanda
Bujumbura
Yaoundé
Bangui
N'Djamena
Brazzaville
Malabo
Libreville
Kigali
São Tomê
Kinshasa

MAJOR PUBLIC HOLIDAYS

Congo

January 1	**Nouvel An**	New Year's Day
Movable dates	**Pâques**	Good Friday
May 1	**Fête du Travail**	Labor Day
August 15	**Anniversaire de l'Indépendance**	Independence Day
November 1	**Toussaint**	All Saints' Day
December 25	**Noël**	Christmas Day

Zaire

January 1	**Nouvel An**	New Year's Day
January 4	**Fête des Martyrs**	Martyrs' Day
Movable dates	**Pâques**	Good Friday
May 1	**Fête du Travail**	Labor Day
June 30	**Anniversaire de l'Indépendance**	Independence Day
November 1	**Toussaint**	All Saints' Day
November 17	**Fête des Forces Armées**	Armed Forces' Day
December 25	**Noël**	Christmas Day

New from Hippocrene Books . . .
HIPPOCRENE DICTIONARY & PHRASEBOOK SERIES

Each of these titles combines the best elements of a dictionary with the best elements of a phrasebook. Slim enough to fit in a pocket, each title provides the reader with a brief grammar instruction, a 1500 word list—complete with pronunciation—and a collection of helpful phrases in varied topics. Conversion charts and abbreviated menus are also included.

BRITISH-AMERICAN/AMERICAN-BRITISH
Catherine McCormick
160 pgs, 3¾ x 7
0-7818-0450-7 $11.95pb   (247)

IRISH-ENGLISH/ENGLISH-IRISH
160 pgs, 3¾ x 7
0-87052-110-1 $7.95pb   (385)

PILIPINO-ENGLISH/ENGLISH-PILIPINO
Raymond Barrager and Jesusa Salvador
186 pgs,   3¾ x 7
0-7818-0451-5 $11.95pb   (295)

Coming Soon. . .
CHECHEN-ENGLISH/ENGLISH-CHECHEN
Nicholas Awde
160 pgs, 3¾ x 7
0-7818-0446-9 $11.95pb   (183)

HIPPOCRENE AFRICAN LANGUAGE LIBRARY

For travelers to Africa, for African-Americans exploring their roots, and for everyone interested in learning more about Africa and her languages, we offer the African Language Library.

SWAHILI PHRASEBOOK
T. Gilmore and S. Kwasa
184 pgs   4 x 5⅜   0-87052-970-6 $8.95pb   (73)

A NEW CONCISE XHOSA-ENGLISH DICTIONARY
J. McLaren
194 pgs   4 ¾ x 7⅛   0-7818-0251-2 $14.95pb   (167)

BEGINNER'S SWAHILI
200 pgs   5½ x 8½   0-7818-0335-7 $9.95pb   (52)

ZULU-ENGLISH/ENGLISH-ZULU DICTIONARY
G.R. Dent and C.L.S. Nyemhezi
519 pgs   4¾ x 7¼   0-7818-0255-5 $29.50pb   (203)

HAUSA-ENGLISH/ENGLISH-HAUSA
Practical Dictionary
Nicholas Awde
431 pgs   5 x 7   0-7818-0426-4 $16.95pb   (499)

POPULAR NORTHERN SOTHO DICTIONARY
SOTHO-ENGLISH/ENGLISH-SOTHO
T.J. Kriel
335 pgs   4⅜ x 5⅜   0-7818-0392-6 $14.95pb   (64)

VENDA DICTIONARY (VENDA-ENGLISH)
N.J. Van Warmelo
490 pgs   6 x 8½   0-627-016-251 $39.95hc   (62)

FULANI-ENGLISH PRACTICAL DICTIONARY
F.W. Taylor
264 pgs   5 x 7½   0-7818-0404-3 $14.95pb   (38)

UNDERSTANDING EVERYDAY SESOTHO
98 pgs   5¼ x 8½   0-7818-0305-5 $16.95pb   (333)

TWI BASIC COURSE
225 pgs   6 ½ x 8 ½   0-7818-0394-2 $16.95pb   (65)

YORUBA-ENGLISH/ ENGLISH-YORUBA
CONCISE DICTIONARY
Dr. Olabiyi Babalola Yai
375 pgs   4 x 6   0-7818-0263-6 $14.95pb   (275)

(All prices subject to change.)

TO PURCHASE HIPPOCRENE BOOKS please call (718) 454-2366
or write to: HIPPOCRENE BOOKS, 171 Madison Avenue, New
York, NY 10016. Please enclose check or money order, adding $5.00
shipping (UPS) for the first book and $.50 for each additional book.

Hippocrene Travel Guides
for Africa . . .

(NEW) GUIDE TO SOUTHERN AFRICA
Botswana, Lesotho, Namibia, South Africa, Swaziland, Zambia and Zimbabwe (revised edition)

This guide to the great game reserves, cities and beach resorts of Southern Africa has been completely revised and supplemented with much additional material. It is packed with essential advice on where to go and what to see and includes many photos and maps of the region.

From the Kruger National Park in South Africa to the Etosha Pan in Namibia, from Botswana's Okavango and the Kalahari to Victoria Falls in Zimbabwe, the rapids of the Zambesi and the Luangwa Valley in Zambia, this guide covers all the legendary wildlife areas, as well as the museums, shops, sporting events and other points of interest in urban areas like Cape Town, Johannesburg and Blomfontein.

300 pages, 5 1/2 x 7 1/2, 0-7818-0388-8, $19.95pb

NAMBIA: THE INDEPENDENT TRAVELER'S GUIDE
By Lucinda and Scott Bradshaw

"A comprehensive guide ...covering details of travel in Namibia for the adventurous budget or luxury traveler." *—Book News*

This guide provides information on food, lodging and sightseeing in all four of the distinctive regions that compromise the country: the Namib Desert, the Great Escarpment, the Northern Plains and the lowlands in the East, as well as the new national parks in Mudumu and Mamili.

313 pages, 5 1/2 x 8 1/2, 0-7818-0254-7, $16.95pb

KENYA AND NORTHERN TANZANIA
by Richard Cox

"An invaluable book for tourists and Kenya residents alike"—*Sunday Nation*

This guide is a "must" for anyone contemplating a visit to the area. The general information explores all the opportunities available to travelers. Historical backgrounds of given areas, advice on how to drive and get around the back roads of Kenya and Tanzania as well as national park maps provide the information to plan and budget a trip.

200 pages, 4 x 7, 0-87052-609-X, $14.95pb

(All prices subject to change.)

TO PURCHASE HIPPOCRENE BOOKS call (718) 454-2366, or write to: HIPPOCRENE BOOKS, 171 Madison Avenue, New York, NY 10016. Please enclose check or money order, adding $5.00 shipping (UPS) for the first book and $.50 for each additional book.